●金星出版●
命理生活新智慧・叢書
VENUS PUBLISHING CO.
U0084321

●金星出版●
命理生活新智慧・叢書
VENUS PUBLISHING CO.

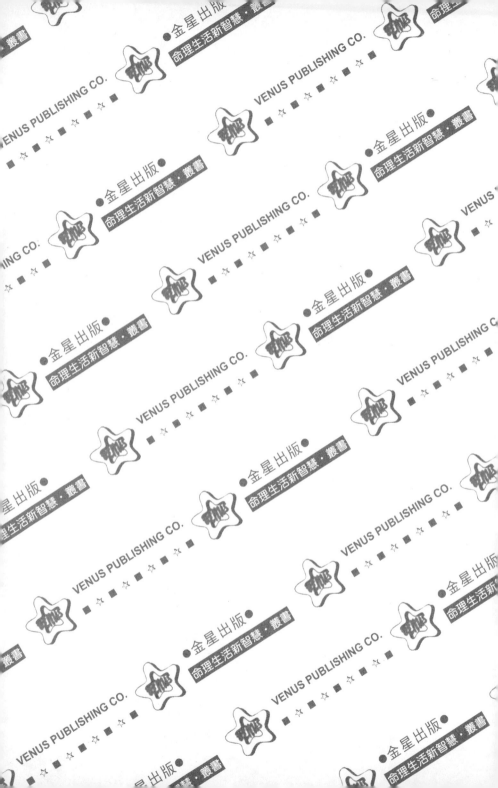

命理生活新智慧・叢書 114

命理真言

金星出版社 http://www.venusco555.com
E-mail: venusco@pchome.com.tw
法 雲 居 士 http://www.fayin.tw
E-mail: fatevenus@yahoo.com.tw

法雲居士⊙著

金星出版

國家圖書館出版品預行編目資料

命理真言／法雲居士著，
--臺北市：金星出版：紅螞蟻總經銷，
2012年01月 初版；面；公分—
（命理生活新智慧叢書；114）

ISBN：978-986-6441-61-5 （平裝）

1. 命書

293.1　　　　　100023047

命理真言

作　　者：　法雲居士
發 行 人：　袁鴻馨
社　　長：　袁光明
編　　輯：　杜靖婕
總 經 理：　王璟琪
出 版 者：　金星出版社
社 地址：台北市南京東路3段201號3樓
電 電話：886-2--25630620●886-2-2362-6655
傳 FAX：886-2365-2425
郵政劃撥：[illegible]
總 經 銷：　紅螞蟻圖書有限公司
地　　址：　台北市內湖區舊宗路二段121巷28・32號4樓
電　　話：　(02)27953656 (代表號)
網　　址：　http://www.venusco555.com
E-mail　：　venusco@pchome.com.tw
　　　　　　venus@venusco.com.tw
法雲居士網址：http://www.fayin.tw
E-mail　　　：fatevenus@yahoo.com.tw

版　　次：　2012年01月初版
登 記 證：　行政院新聞局局版北市業字第653號
法律顧問：　郭啟疆律師
定　　價：　360 元

行政院新聞局局版北字業字第 653 號
(本書遇有缺頁、破損倒裝請寄回更換)
版權所有・翻印必究

投稿者請自留底稿
本社恕不退稿

ISBN：978-986-6441-61-5 （平裝）
＊本著作物經著作人授權發行，包括繁體字、簡體字。
凡本著作物任何圖片、文字及其他內容，均不得擅自重製、仿製或以其他方法加以侵害，否則一經查獲，必定追究到底，絕不寬貸。
（因掛號郵資漲價，凡郵購五冊以上，九折優惠。本社負擔掛號寄書郵資。單冊及二、三、四冊郵購，恕無折扣，敬請諒察！）

序

『命理真言』這本書，主要是就一般研究命理的人常會遇到的一些命理上很難找到答案的特殊問題，給予舉例說明、講出命理知識真心話的一本書。以前早期有能力的命理老師，對於某些須要深究的命理問題，不太輕易知告學生或外來學習者，有藏私的心念。就像同年同月同日同時生者，為何命運會不一樣，有生死之別等等。每位命理老師各自研究、各有不同的結果和答案。但這些答案是否真正正確？實在是應該公開的讓大家瞭解，說不定會有更高段的有智之士能幫忙修正，而得到更正確的答案。但大多數命理師喜歡閉門造車，又隱為藏私的念頭，因此很多命理公案是無解的。自然，這也會影響『命理學』的前進與發展了。

另一方面，絕大多數的算命師是江湖派的算命師，其程度尚不到命理研究的階段，又是靠『隨緣而有食祿』的隨機占卜而已。若是被問到如此艱深的問題，不是胡謅一通，便是用話叉開，巧妙的躲避，有心者尚能翻書找答案。一般的江湖派算命師多半打哈哈躲過正面被詰問的場面。

因此，我常想到命理學上既有這麼多大家想知道的有趣問題，倒不如拿出來與大家分享研究成果，由此也可匯集同好，一起尋找問題，研究問題。如此，在『命理學』的推進上，也會有一股動力！因此願以此書與讀者共勉之！願與讀者一起共赴新的『命理學紀元』。

法雲居士　謹識

命理生活叢書114

命理真言

目錄

命理真言

紫微命理學苑

法雲居士 親自教授

● 紫微命理專修班
- 初期班：12周小班制
- 中級班：12周小班制
- 高級班：12周小班制

● 紫微命理職業班

台北市中山北路2段115巷43號3F-3
電　話：(02)25630620
傳　真：(02)25630489

(報名簡章待索)

法雲居士

◎紫微論命
◎八字喜忌
◎取名、改名
◎代尋偏財運時間

賜教處：台北市中山北路2段
115巷43號3F-3
電　話：(02)2563-0620
傳　真：(02)2563-0489

第一章　算命師的真言

最近喜愛命理的人士似乎又增多了，不時的有讀者來詢問開班教授紫微命理的時間。並且在這些希望學習命理的人士中，有許多人是直接表明欲從事命理這個行業而來學習的。其中更有多位二十幾歲的年青人想當命理師。

算命師賺的是『流水財』

年青人都是心直口快的，常直言不諱的問我：命理師的月收入多少？年收入多少？大概在他們的觀念裡（或是一般人的觀念裡）目前在台灣，命理師是一個好賺又收入豐富的行業吧！也正因為如此才會吸引他們來加入命相的行列。

確實！在目前的命相界中也有一些富者，據我所知，這些人多半都兼營其他的營生或做生意，而真正由命相、算命得來的錢財並不多。並且算命得來的財是『流水財』，存不住。當然也無法積存蓄富了。

算命的錢留不住也不可留。這在資深命相者心中都是可意會而不言傳的。為什麼留不住？又為什麼不可留呢？

相命者都相信洩露天機太多是會遭天譴的，因此必須用紅包裝錢來沖煞。而此算命得來之財為他人之財，不能算正財，只要變為劫財（為他人劫去）。就可以明哲而保身了。

去年媒體訪問一位老算命師，問他：算命不是很賺錢，為何老來

命理真言

仍是孑然一身呢？他說自己也曾發富，但是算命得來的錢就是留不住，因此老來仍是孤寡清貧。

算命的錢不可留。算命師都知道紅包袋中的錢是用來擋煞的。倘若此財被人劫去，便可去煞消災。倘若留在自己身邊，則會引煞而不吉。因此真正精通命理的算命師，都會以此財扶貧濟困，做慈善事業。去救助比自己衰命的人。而這些衰命的人，得此錢財反而可像得雪後陽光，絕後逢生，得到救助。故而許多深知個中真昧的命理師不是把錢快速的花掉，便是送給慈善機關做善事去了。真正敢留在身邊的恐怕沒幾人！

自古以來，專門從事相命行業的人，多是殘疾孤刑之人。一方面殘疾之人，失去了某些身體上的功能，如瞎眼、手足傷殘、性格比較孤僻，也比較能靜心靜氣而產生靈動。另一方面，這也是上蒼賦與殘疾者

命理真言

的活命之能事。上天有好生之德嘛！

先聖先賢對命理學的研究與著作

而生命之真諦，生死之秘密，未來之不可知，富貴前程的多寡，常是讀書人或一般大眾想探詢的秘密寶地。於是自古以來，讀書人在讀書之餘，也會涉獵命理，探究一下人生的真諦，許多的命理古籍便這樣留傳了下來。就連古代帝王都捨不得將之遺棄，**於是有了四庫全書將之記錄，列於子部。**這一派讀書人所發展出來的命理書，是有別於江湖術士之察言觀色與靠靈動異能，所襞就的命理形式。我們稱他們為學院派。**例如：**宋朝的邵雍，文名與德行完美無玷缺，後諡康節先生，及宋代理學大師的朱熹，都著有陰陽五行的論命學說。讀書人因為有天文、地理的知識，窮究天地間萬物的生態、氣候的變化、山川地形的起伏、天雨時晴及溫和寒暑，而找到了生命的起源、脈動的因素，繼而可預知未來將發生的事情。**把學理由實驗及印證的階段，發展到應用於一般生活之中。這就是風水、五行命理、子平八字及紫微斗數……等等命理書籍呈現於世的結果。**

現代的讀書人因為社會經濟的繁榮、專業知識分類較細，不像古代的讀書人只有考功名求富貴一途，也不像古代讀書人只專攻四書五經別無視事。因此對命理的問題便因隔閡而不熟悉，因不瞭解而視為迷信了。疏不知古代前朝之欽天監，便是掌管研究此類學問的部門。並且現代的西洋學者也從古代命理書籍中發現到有一些宇宙神秘的行星，在古代出現的例子，不但帶給現代太空科學家們無限的震撼，更對現代命相家有無限的鼓舞力量。

命理真言

命理學有古人的學術著作做理論根據

因此我們也深信命理是有學術做根據理論的，並不是像一般人嗤之以鼻的以為命理是茅山道士的小法術而已。並且要以命理做為斂財工具的人，也可能會失望了。通常命相者所得的錢財是留不住也不可留的。真要以命相致富，這可能都是以邪門歪道的不義之財，事實上也不會長久，總有東窗事發的一天，到時候不是同樣的留不住嗎？

最適合學習命理的人

命理界的宿耆大老們選擇學生、徒弟都是有一定嚴苛的標準的。為了嚴守分紀，善盡社會責任，這些選徒的標準是值得延續及為之喝采的。否則欺師滅祖、毀壞師門的事小，而遺害社會、害人害己的事大。

命理真言

僻如說擄奸人犯的陳進興就懂命理，並且在南非武官官邸棄械投降時也替自己找了好時辰，時至兔年還不能伏法。因此命理界的師級前輩們怎能不掉以輕心，注意道德規範的問題呢？

命理師選徒傳授衣缽時，通常都有幾個準則。**首先**、要選適合吃這行飯的人。**其次**、再選在道德品行上不會太越矩的人。**第三**、才看資質渡化、靈動有無。**第四**、必須有宗教信仰、慈善愛人。

其實這幾個條件根本就是相環相扣的。要選擇適合吃命相師為人算命這行飯的人，命宮中要有『天梁星』或『太陰星』。『太陰』居卯加『文曲』或『文昌星』的人，是最適合吃算命飯的人。

『太陰』、『文曲』坐命卯宮的人，是老天爺賞這行飯給他吃。『太陰』屬陰，靈動性強，『太陰』在卯居陷位，『太陰』又是財星，財星居陷，當然一生財力淺薄，無法豐衣足食。於是有『文曲』口才，再加上

命理真言

靈動力的特異才能，他們學習命理的知能與感應力也比一般人強，心領神會，故而算是老天爺賞飯吃，讓他們也能有一技之長，不致於困厄而亡。

致於命宮中要有『天梁星』的人，要取其天生有蔭庇，並且『天梁坐命』者天性慷慨好施，喜歡幫助他人，好管閒事，不以此為煩憂。而且『天梁坐命』的人，容易與陰神接近，他們多半會有宗教信仰，喜愛做慈善事業。

而『太陰』和『天梁』坐命的人是屬於溫和性格的人，不太會產生大奸大惡之徒，再加上宗教信仰的浸沈教化，只會多幫助眾人而不會為害人群，因此是名師喜愛的生徒人選。而這兩個命格的人，也是最能守住本業，而不太會踰越規矩的人。

故而一般想學命理之人，最好自己看書，倘若有老師指點也不

錯。不過要從事命理這個行業，恐怕是力不從心。若再另有遐思，想以此賺錢生富，不但是不可能，也做不長久。

這一本『命理真言』，是我搜集二十年來算命、知命的一些故事和經驗。這些都是真實的故事，希望供給有志於命相業的人士做一個參考。並且請讀者設身處地的從自己已是一個算命師的角度來思考看看：倘若你遇到這些問題，你會如何去為人解決及提供意見？再之，我也以此書解答一些讀者和朋友的問題，並加上我對命理人生的看法與註解，希望讀者會喜歡。

投資煉金術

法雲居士⊙著

『投資煉金術』是現代人必看的投資策略的一本書。所有喜歡投資的人，無不是有一遠大致富的目標。想成為世界級的超級富豪。但到底要投資什麼產業才會真正成為能煉金發財的投資術呢？

實際上，做對行業、對準時機，找對門路，則無一不是『投資煉金術』的法寶竅門。
法雲居士用紫微命理的角度，告訴你在你的命格中做什麼會發？做什麼會使你真正煉到真金！使你不必摸索，不必操煩，便能成功完成『投資煉金術』。

命理真言

第二章　『命理學』的基本理論

在前一篇文章中談到算命師以洩露天機會遭天遣，故而收取紅包來沖煞、擋煞，以此為生財之道。

是不是真的有『天機不可洩露』這件事呢？

從宗教的觀點上來看，有某部份的人是非常相信『天機不可洩露』這回事的。另有一部份人呢？只是以訛傳訛，入境隨俗，假裝相信而已。

命理真言

現在讓我們來討論一下，何謂『天機』？

自古以來，一般人以為生死、壽命長短的事情、富貴大小的事情、人世間一切順利與不順利的事情，以及命格高下、六親感情濃厚緣薄的問題，都是由天上的主宰（如玉皇大帝），或陰間的主宰（如閻王爺）來管轄的，這是接受道教思想所衍生出來的觀念，時至今日仍方興未艾，未曾停止過。傳說中閻王有本生死簿，記錄著世間所有人的陽壽日期，此即為『天機』，是不可隨便讓人世間的凡夫俗子知道的事情。

時至今日，太空人登上月球已經有數十年的歷史，哈伯望遠鏡的太空船在太空中穿梭漫遊已多年的歷史，至今未曾發現天上宮闕以及神仙們的活動，由此可見，這只是存在於人們心中想像世界的事情。

命理真言

有人會奇怪，算命師怎會不信宗教呢？再說算命師又如何知道『天機』的呢？

不是我不信宗教，我也確認宗教有教化人心的功能，但是命理學有科學的憑證，因此我不會以宗教為藉口，來模糊科學的智能。也不會用宗教的方式，來牽強帶過自己不懂，又必須解釋的命理現象。

以前我曾在多本書中強調過，命理學是一個研究『時間』上的學問，也是一個研究『環境』的學問，既然有這兩個大前題存在，因此非科學不可了。至於一般人認為是閻王爺的『生死簿』，其實就是你自己的『紫微命盤』。生死、陽壽的日子在上面標得一清二楚，算命師從解讀命盤而能知道人一生的富貴榮辱，以及生死大事。自然這也沒有可奇怪的了。

命理真言

因此『天機』這兩個字的解釋似乎不應是『上天的機密之事』，而應是『自然中的奧妙之事』。也因此，宗教上的『天機』是不存在的。而地球上、人世間只存在有『科學上的、自然界的奧妙』罷了。

我們要如何去知道『科學上的、自然中的奧妙』呢？只有靠多讀書、多觀察、多學習、去修習這方面的知識，自然會瞭解更多別人所不瞭解的天機了。

紫微命理的基本理論

『命理學』是一個利用『年、月、日、時』的組合，來形成發展的學問，時間的移動又和太陽和月亮有關。我們可以把自己的命盤看做是一個天體（宇宙）。

十二個宮位就是黃道（星球運行的軌道），而人站在正中間，如：

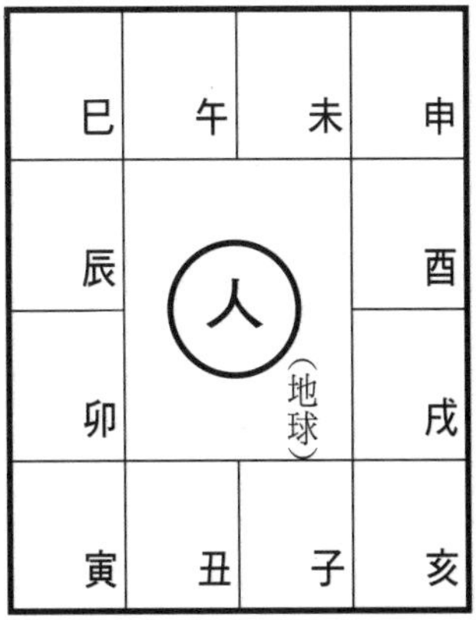

人所站的位置就是我們所居住的地球。我們站在地球上仰望天上的星曜，命盤中『太陽』、『太陰』所在的宮位，正表明了『日、月』所在位置，其兩星角度和其他星曜的角度問題，正形成我們一生中的吉凶禍福。

命理真言

命盤圖形中西有差別

這個命盤圖形的理論和西洋星座的命理是近似雷同的。只不過西洋星座是以圓形來表達天體和人在地球上的位置。而紫微命盤是以方形（也有是八角形）來表達天體的形狀，而將人所在的位置隱去不顯示出來而已。因此你在算自己的命程時，不論是用中國的命理方式或是西洋的命理方式，亦或是別種的命理方式，其內容結果都是差不多一樣的。只有解釋的人，其程度的差異，所能解讀的內容不同而已。

西元一二四七年，宋理宗時代，浙江王致遠刻圓形星圖石碑於蘇州孔廟內。此天文圖是宋光宗時太學博士黃裳所製。星圖上共有一千四百三十四顆星，可見中國人在宋朝時便已知道宇宙與地球的關係。並且也知道宇宙是圓形之說了。只是以方形規格化天體的形狀做為命盤而已。

既然，『天機』也不是天機了，洩露之事也不攻自破。現在讀者一定心裡正在暗笑！『哈哈！天機不可洩露已經被你否定掉了，看你以後算命怎麼有藉口收錢呢？』

『算命』是一種服務業

在我認為，『算命』只是一種服務的工作，美其名算命，其實以心理諮商為多。很多人在遇到問題時來算命，只是想多找一個人商量一下自己的困難問題。算命師因為是局外人，又是經過生活歷練的人，比較會有較多不同的觀點提供給當事人做參考。況且有些人發生問題時，並不會和家人，甚至親密的人來商量，有時是開不了口。算命師是陌生人，並且兼具職業道德，不會去對別人亂說，又可提供意見給他。自然

命理真言

是非常理想的討論對象了。因此在我揭露『天機不可洩露』的真相之後。自然也不會有影響的了。

其實，在我論命的過程裡，比較多的來找我批命的人，都是讀者。常常抱著厚厚的一堆書，來詢問書中的問題（我並不鼓勵讀者這樣呀！你必須先把書中的文字看清楚，把問題簡化了再來問。）

希望和真心喜歡研究命理學同好共同探求真學問

我很喜歡和讀者討論問題，同樣的也不喜歡和讀者討論問題。這話怎講？我希望來問問題或討論問題的人，所問的問題應該是個問題，才值得討論。

常常有一些讀者，並沒有把書中字句唸清楚、段落也不通，卻理直氣壯的來質問我，經我再唸給他聽，重複兩三次，他才把一句話看

命理真言

通、看懂。拜託！我寫的是正統的白話文！並不是文言文，縱使有特殊名詞都會加以解釋，就是擔心讀者看不懂，或有疑慮的問題。

雖然以前有作者如蔡康永，覺得他們在寫作上不必對讀者負責。因為他們所寫的文章是意念性的，也具有某些幻想的意識形態。意到筆到，為與之所至所寫的文章，自然不覺得該負什麼責任。**而我所的寫的命理書，全是有古書可查考、有科學根據**（天文星曜、地理位置、氣候變化、時間等因素），有真人真事可引證，經過我思慮整理，再以現代的文字呈現給讀書的書籍。因此我必須用負責的態度來面對讀者。

同樣的，基於對命理學問的追求，我也很希望讀者能提出真正的命理難題來共同做討論。可是我對於挑釁的，不具善意的挑戰，是向來不與理會與應對的。原因就是我不願浪費時間做無味的事情。追求命理

的學問知識都來不及了，學海無涯，那還有時間來逞強呢？

曾有一位早年給我論過命的朋友來找我，他告訴出版社的工作人員說：『以前給他算過命，沒想到他現在有名了，想來和他比一比、拼一拼！』

對於這種並不是想和我共同探求命理真學問，而是想來踢館比武之士，我是向來不與應答的，因為真正比我學問高超的人太多了，贏過我這麼一顆滄海一粟，其實也並無多大榮耀。建議這位朋友潛心靜氣再多讀一點書，或找更高深的人士比武，才會更有成就感。

另外，我也非常不喜歡朋友以『別人書中』的字句和問題來問我。一方面市面上的書很多，我可能都沒看過，斷章取義的用其中一句話來問我，我根本無法解答。並且對於相同的問題，各人所感受的不一樣，表達的方式不一樣，我也不能說別人的說法有何不對？因此不能作答。

這個情況很像你去看醫生，第一個醫生說：你的病是這種病！第二個醫生又說出另一種病的名字。這時你要怎麼辦呢？當然要再去找第三個、第四個、第五個⋯醫生了。直到有兩、三個，甚至三、四個醫生說相同的話，並且用科學分析、檢驗的方法證明給你看，你自然非常清楚自己究竟是得了什麼病。

讀書找資料要有鍥而不捨的精神

讀書的狀況也和看醫生一樣。我們在讀古書時，也會遇到問題，遇到有幾本書不一樣的解釋。於是我們便要去找更多的資料查看，更要找更多的、更合理的理論來支持我們選擇的答案。倘若支持的理論合理度不夠，或是基礎淺薄，或是在太少的書中出現，就必須再繼續找，或者是考慮放棄。另外再查閱、參考更多的書籍，一直到找出問題的癥結為止。這就是做學問的方法。

有一部份的讀者是在三十歲以後才對命理書感興趣的，以前並沒有接受過很好的讀書、做研究報告的訓練，因此在書上有了問題，或有了懷疑，便隨便找個人來問。或者是想以他人之劍攻子之矛。這樣都是不對的。真理只有自己找得到。縱使是老師教授，也是站在引導的地位，來指引你，無法幫你做學問的。

現在還要再談一個算命的問題

有某些來算命的人士，常因自己對某一命格的喜愛，或是讀了幾本命理書，知道某一個命格不錯，便自己替自己選擇了那個命格，及命宮主星。這件事整個看起來很可笑，但是還常常發生。

命理真言

朋友們要選什麼命格及命宮主星，我向來不反對，只要你自己高興就好。但是千萬不要強迫我來同意你，亦或是強迫我來寫出命盤或批命。因為那樣一定不準確，不對的事，為什麼要做呢？做了也是白做呀！可是有些朋友認為，他付了錢，叫你怎麼寫，你就該怎麼寫。對不起的很，你自己會寫，便請你自己寫。我寫的字，是要我負責的，不可以亂寫。

數月前有一位太太抱著一尺高，我所寫的書來問問題，亦來算命。看到她在每一本書上都以紙籤做記號，做得密密痲痲的，我自然很感動。但是她劈頭劈腦的便說：『老師！你書寫錯了！』

書寫錯了！這非同小可！我馬上請問她，那裡寫錯了！

她說：『你在這本書中說：在命宮中的財帛宮的福德宮……既然是說命宮了，怎麼又說財帛宮和福德宮呢？』

命理真言

我一聽嚇得不輕！難道是編輯人員校稿時弄錯了，少了文字沒印出來？於是我馬上請她指示出來。

請看『如何掌握旺運過一生』書中第一八六頁，金錢運的看法中，頁尾的一段(原文如下)：

『由財帛宮和福德宮，我們大概的對自己的進財方式，及享用的多與少，有了概括的認識之後，再來要看流年命宮、與流年財帛宮、流月財帛宮的主星入座的狀況了。（流年命宮、流年財帛宮、流月財帛宮的看法在書後有詳述，可供讀者參考。）如此就可掌握每一年、每一個月進財的實際狀況了。

我和這位太太一同唸了這段文字三遍，並無不妥之處。原來她將文字、文章都無法細心讀清楚。

接著她又說，那錯誤應該是在一九〇頁的最後。於是我們再看

命理真言

『如何掌握旺運過一生』一書的一九〇頁(原文如下)：

◎當『紫殺』二星出現在流年財帛宮、流月財帛宮時，就表示你將獲得打拼的機會了，爆發的機會也來了，該年、該月你不但財運亨通，你也積極努力。但是要看清楚方向喲！不要瞎忙了半天，收獲不多。倘若你努力對了方向，將會獲得很大的財富，就算是接下來的年份、月份是弱運的時間，因為有先前的積蓄，你也不會過得太差。

我又陪著她唸了三遍，也沒有錯誤。她於是訕訕的笑著。

我笑著對她說：『你讀書讀不過你老公，你老公又讀不過你兒子！』這真是一個頭腦有夠糊塗的讀者了，差點把我嚇出心臟病來！

書籍中常會有文字校稿時，有錯字沒校出來，有時也會有漏稿的情形，但是我們多半會在二次印刷中改正過來。若說整段文字意思上的錯誤這種可能性就小了。

命理真言

接著在論命的時候也非常有趣。

她是『機梁坐命』辰宮的人。但是她說她自己算，又請別的老師算，她都是『紫殺坐命』的人。

我告訴她：自己喜歡什麼命格，我都不反對。請她先確認生辰時間是否有誤？她堅持沒錯。於是我再教她以生月起，以生時子、丑、寅、卯的方式順時針數到生時便是身宮，逆數到生時便是命宮（這是最基本的排命宮法）。怎麼算，她都是命坐辰宮的人，哪會是命坐巳宮呢？

看樣子她對『紫殺坐命』情有獨鍾。於是我告訴她，人可以從外貌便能斷定其人的命宮主星。譬如說『紫殺坐命』的人，是眼睛大、性情沈穩、氣度堅定、體型壯實的人。『機梁坐命』的人，略瘦、聰明、多話、較喜歡批評。

命理真言

她立刻拉著下眼皮說：『你看！你看我的眼睛也很大呀！』

『紫殺坐命』的人與『七殺坐命』者相同，都有黑眼珠很大（黑瞳很大）的特徵，與她自認為大的情況不同。而且『紫殺坐命』的人，有威嚴的氣質，並不會做出如此無聊的舉動。

『紫殺坐命的人，書上說很健談！我也很健談呀！』

她這哪裡是健談，根本是聒噪，『機梁坐命』的人，一向都有強詞奪理，喜歡強行遊說別人的特性，在她身上展露無疑。她還說她不是『機梁坐命』的人！

『紫殺坐命』的人，非常冷靜，不遇到談得來的對象，是很少與別人哈啦的！對於陌生或被次見面的人也並不熱情，較為沈默，屬於外冷心熱的人。

這位朋友經我解說也同意了這種說法。但是在她回去後，又不斷的來要我把她的命盤改為『紫殺坐命』的命格，真是不勝其擾。

命理真言

通常我在與當事人第一次見面時，發現當事人的長相，與我所批命格有所不同時，表示時辰有錯誤。因此便不算了，請他回去再把確切的生辰時間找出來再說。若是找不到，或堅持無錯的人，也不算。因為我確信他的時間有問題，算下去也是錯誤的。像這種既承認我所批的命盤，中間又反悔、或提出異議的人雖少，也真是麻煩！

從前面讀書的狀況來看，這位女士自認學習命理有年，但學習的成果與本性的油滑，這一輩子恐怕都是難以在命理學上有通達之日的了。

還有一種現象就是對時辰的認定問題

自從我在書中寫明連戰先生是『廉府坐命』的人。因此『廉府坐命』就水漲船高了。有一位朋友要我為他未出生的子女選『廉府坐命』的時間。結果出生之後，他打電話給我，問我：『倘若時間超過了五分

命理真言

鐘，是不是還可以算是廉府坐命的人？』

通常時間超過了時辰的界線，就會挪到下一個宮位，也可能五行局會變，就變成別種命盤格式的人，命宮主星就不一樣了。**我告訴他超過一分鐘都不行**。並問他：『是否超過了？』既然生出了，命盤要重排了。他吱吱唔唔的又說沒有超過。

時間是否正確？在小孩子稍大一點，性格、長相就會顯露出來，想瞞也瞞不住。很多人看那一個命格好，便想要得到那個命格，自欺欺人。這是非常有趣的心態。命是自己的，性格也是自己的，人一生最大的敵人，也是最大的朋友都是『自己』，如何運用自己性格、思想方式上的優點來幫助自己走完人生精彩的路途，這就是一個聰明又好運的人。自己連自己都騙了，又如何能相信別人？如何能找到自己生命中的好運呢？

驚爆偏財運

法雲居士⊙著

『偏財運』就是『暴發運』！

世界上許多領袖級的人物、諾貝爾獎金得主、以及各大企業集團的總裁、領導級的政治人物，都具有『暴發運格』。

『暴發運格』會改變歷史，會創造歷史！
『暴發運格』也可以創造億萬富翁，是宇宙間至高無上的旺運！
在你的生命中，到底有沒有這種契機？
你到底屬不屬於那全世界三分之一的好運人士？

且聽法雲居士向您解說『暴發運格』、『偏財運格』的種種事蹟與內涵，把握住自己生命中的爆發點，創造歷史的人，可能就是你！

第三章　命運中財富的分析

『你一輩子有多少財』是我一本命理書的書名。你一定很驚訝於這本書中到底談了什麼？談的就是人到底一輩子會有多少錢呢？以及你的財庫中會有多少錢呢？

我想所有的人都很想知道自己到底一生的財富有多少？同時你也想知道我是用什麼方法和理論來估計人財庫中的財富的。

其實在命理學中計算人『財庫』中的財富並不是一件難事，從人的命宮、財帛宮、官祿宮、福德宮中的星曜綜合起來，就有了一個大概的數值。另外再加上一些輔助的宮位和條件，例如健康的條件有疾厄宮。兄弟、朋友相幫助的助力條件，如兄弟宮、僕役宮（朋友宮）等，另外還有外在環境的條件、祖蔭及出身生長家庭的條件，如遷移宮、田宅宮等。還有父母培植親愛的條件，以及對妻子、兒子輸出愛情，付出花用的條件，一一相加相減，便形成了一個總值。

一般來說，不管是六親宮或者是人事宮中的星曜是吉星，便是正面的、相加的，錢財會多一點。而這兩類宮中的星曜是凶星的，便是負面的、相減的情況。但是所有的命盤格局都沒有絕對完美的。因為有年命的結果，**每個人的命盤都有吉星和煞星『羊、陀、火、鈴、七殺、破軍、化忌、劫、空』的存在**，因此每一個人的命格都不可能極盡完美。最好的就是以這些煞星在閒宮（如疾厄宮）出現，而不要影響整盤的命局為佳。

命理真言

看人一生財多財少的問題，當然最好是有財星居旺坐命宮，三合四方處都沒有煞星照臨，是最好的主富格局了。

『財星』也是有種類分別的。屬於財星的有『天府』、『太陰』、『武曲』、『祿存』、『化祿』等。有人把『七殺』也當做財星，要拼才有財，先努力後享受成果，也算是啦！『七殺』的財和『天馬』很相似，都算奔波勞碌的財。

此外『貪狼』是偏財、運氣的財，而『文曲』是以圓滑、口才佳、拍馬屁、升官的財。『文昌』是精打細算的財。

現在來談談坐在命宮裡的『天府』、『武曲』、『太陰』、『祿存』、『化祿』等財星的特性，為什麼彼此同屬財星，而有不同點呢？

命理真言

天府星

『天府』俗稱『財庫星』，因為是上天的財庫嘛！當然會有錢囉！**但是『天府坐命』的人，只算是一個看守財庫、倉庫的人**，所以他們必須一一清點，毫不馬虎、一板一眼的把自己的工作做好。這是上天賦予的責任，怠忽不得。

因此你可以看到『天府坐命』的人，循規蹈距，步步為營，錙銖必較，態度溫和，但是內在剛毅、自傲、性格穩重沈靜，把自己的錢財管理得好好的，不會向別人借錢，也不會輕易的借錢給別人，把錢財看得很重。他們多半保守、規矩的做公務員或在大公司中工作，守住自己的工作崗位，有固定的薪水，不會輕易隨便的換工作，很得到老闆的信賴。

命理真言

『天府坐命』的人，依命宮所在位置的不同，所看守的財庫有大有小。譬如說**『天府坐命』丑、未宮居廟地的人**，所守的財庫就大了，地位也高一些了。**而『天府』在酉宮坐命的人為居旺地**，所看守的財庫次大，地位成就也居次。**而『天府坐命』卯、巳、亥宮的人**，同樣居得地之位。但是『天府坐命』巳、亥宮的人，因為遷移宮中有『紫微、七殺』（這兩星像是派出巡邏執勤的小兵），因此『天府坐命』巳、亥宮的人，命格、財富會高於坐命卯宮的人。

而『天府坐命』於卯宮的人，因遷移宮中為『武曲、七殺』，『武曲居平』，財星的位次太低，賺錢不容易，只是窮忙而已。是故『天府坐命』卯宮的人是看守最小的財庫了，用兵的等級也最差。但是因所管司的是財庫，仍會比一般小老百姓生活順暢點。

因為『天府星』坐命的人，是替公家（上天）管理財庫，所以他

命理真言

們的財帛宮都是『空宮』。因錢財並不是他們的，而是公家的，他們僅是盡看守、清點、計算之責而已。

紫府坐命

命宮中有『雙星』坐命的人，就不一樣了。像『紫微、天府』坐命的人，此人既是皇帝、又擁有國庫、在外面看守的人用的是大殺將『七殺』在遷移宮。並且『武曲』財星正坐財帛宮。國王擁有國庫，當然是萬萬人之上的財富格局了。

武府坐命

『武曲、天府』坐命的人，是正財星與財庫星同坐命宮，也就是錢財的主人和看守者一同在看守財庫，他們也用了大殺將來看守財庫。

但是你會發現他們所用的大殺將只居旺位，屬於武功層次較次級的大殺將了。因為財主究竟和皇帝是有不同的。

廉府坐命

『廉貞、天府』坐命的人，有下列的現象：『廉貞』是囚星，是運用智謀的星，『廉府』同宮時，『廉貞』居平，『天府』居廟。這可以說是用了財智平庸的囚犯和看守者一同看守國庫似的財庫，並且又在外圍加上了國家派的大殺將，一同來維護國庫。

由上列的譬喻看來，你就會知道，為什麼『紫府』坐命的人，財帛宮是『武曲』財星？因為帝王的財庫，全民老百姓納稅的錢都聚集在那裡，那裡也是天下最富的地方嘛！**而『武府』坐命的人**，財帛宮是『廉貞』。財主日日夜夜細心謀畫偵防，以防有竊賊盜財，還要絞盡腦

命理真言

汁把財富增多之故。**『廉府坐命』的人，**財帛宮是『紫微』。他們看守的是國庫，是帝王的錢財，也不是他們本身可動用的，是故『廉府坐命』的人，其財富是比不過『紫府坐命』和『武府坐命』的人，錢財是屬於自己的多的。

由此你也可知道，雙星坐命的人，財帛宮都有正星，當然比『天府』單星坐命的人財富多。『紫府』、『廉府』坐命的人，一個是自己擁有國庫，另一個是看守國庫。而『武府坐命』的人，是富可敵國的大財主。而『天府』單星坐命者，只是派到民間看守小財庫、小倉庫的人，因此其人財富的多寡便立見分曉了。

命理真言

武曲星

『武曲星』是正財星，單星坐命時，只會坐在辰、戌兩墓宮。就彷彿一個大財主高高坐在自己的莊園內，四周都有堅固的城堡一般。**他們遷移宮是『貪狼星』**。代表這位財主用了一個極其有助力，可以幫助他四處尋找發財機會，是能文能武的將領（『貪狼』也有凶悍的性質，屬軍將、武職之類）。因此財主可以高坐殿堂，安享富貴。

武貪坐命

『武貪坐命』的人，就是有『武曲財星』和『貪狼武將』同坐命宮的人。這個財主本身多財，但是同時自己也是武將，因此凡事由自己來指揮保衛他個人的財產，**他的遷移宮是『空宮』**，故而此財主手下沒有什麼可用之人。每天勞心勞力，疲於奔命，**但是財帛宮是『廉貞、破軍』**，表示常有思慮不周，又沒人幫忙的情況下，財富常被劫去，有愈來愈少的跡象。也因此你可以看到『武貪坐命』的人，雖擁有暴發格，會暴發，但是那只是他個人的事情，沒有助手來幫忙守財，最後也是枉然。不像『武曲單星』坐命者，是一個莊園的大財主，有莊丁、武將來幫忙，共同看守莊園，並盡心為主人拼命，更增加主人的財富。這兩者是有不同的。

武府坐命

『武府坐命』的人，前面已經說過，這是財主和守倉庫的人，一起看守財庫，並且用了僅次於御用的武將來看守莊園，當然財富永享，安然富貴了。

命理真言

武殺坐命

『武殺坐命』的人，就是『武曲』財星和『七殺』大殺將同宮坐命的人。在這裡『武曲』財星只居平位，代表這位財主沒什麼錢，是虛有其表的人，但是他還用了一個頭等武將、大殺將，靠他出去打家劫舍，搶些財物回來維持莊園內之所需。如此的狀況，就可以知道，這位財主地位低落，是仰大殺將鼻息過日子的人。大殺將高興了，出去工作，劫得了財物，財主日子就好過一點。大殺將偷懶，不想工作，財主就發愁了，沒錢過日子，養莊園內的人了。因此這個命格的人，一定要有工作，才會有錢進帳，沒工作就窮困拮據，生活難挨。由他的財帛宮是『廉貪』，就知道錢財真少了。

武破坐命

『武破坐命』的人，就是『武曲』財星和『破軍』大煞將同坐命宮的人。『武曲』財星在這裡也是居平位，『破軍』也居平位。此處好有一比，家道已破落的財主，又養了一個行為惡劣、敗家、陰險的武將。所幸這位財主所處的時機還很好，下面的佣人以及看守的莊園兵丁還很溫和、負責（遷移宮是『天相』）。因此這個大煞將只是享福，還不想作亂，搗毀莊園，有時候他還會外出工作，劫一些財富回來交給財主，表面上仍是賓主關係，暫時不會撕破臉。但是如此的關係，總是危機重重的，等到財主有一天運氣不好時，大煞將就會殺財主而奪莊園了。『武破坐命』者的財帛宮是『廉貞、七殺』。這是一種沒有智慧、計謀也未經策劃，而純以武力去劫財的方式賺錢。當然其機會就是一半、一半了。遇到對手差的，則有功績，奪財而回。遇有對手強的，就敗下陣來，無功而返了。

武相坐命

『武相坐命』的人

『武相坐命』的人，是『武曲』財星和『天相』福星同坐命宮的人。『武曲』財星居得地之位，『天相』福星居廟位。這一位財主是小有財富之人，但是他卻有一位非常能幹、又圓滑、又會做事，又會計劃周詳的好幫手。『天相』是福星也是文將。大財主得到這麼一位諸葛亮的幫助，真是如虎添翼，事業愈做愈大，財富愈來愈多。我們看，他的財帛宮是『廉貞、天府』。居然財主的財富快接近國庫那麼多了，還用一些不花錢的囚犯來看守。真是非常快樂富足的財運了。因此，這個財主就認為已經夠了，自己並不希望會比帝王有錢，錢太多會遭嫉，因此他只想保有第三等的財富即可。這也就是『武相坐命』的人，會知足常樂，做官做到君王側（官祿宮為『紫微』）就好了，並不想太招搖的原因了。

由此也可知道，『武曲』單星坐命的人，和雙星坐命的人，在本命所屬的財富中，差距是很大的了。

太陰星

『太陰』是財星，也就是月亮。『太陰』屬陰財，不是表面大富大貴的財，而是私下暗藏的財。因為『太陰』是月亮，故這個財一個月見一次。是故我們把它當做一個月發一次薪水。

『太陰』的財是保守的、害羞的、溫和的，不喜歡露光現白的。

命理真言

因此『太陰坐命』的人，都喜歡默默的工作，做固定的事情，默默的數鈔票，幫忙老闆把錢財入庫，藏起來，不要被人奪去劫走。也因此『太陰坐命』的人是很守份，不會光彩奪目的招搖，暗暗的儲蓄自己的錢財而致富的人。

『太陰』財星的財和『天府』庫星的財，有一些類似，但也有不同處。相似的是同樣都是規規矩矩的、勤勞的守住工作、守住屬於自己的這份財。其財運也有一定時間的起伏、進出，就像是領到薪俸便進財了，其他的時間都在替別人守財。而不相同的地方則是：**『天府坐命』的人**，是守財庫，替帝王國庫或財主守財。**『太陰坐命』的人**，屬於記帳員、會計人員。所守的財，有一部份是自己的財。而且『太陰坐命』人的財，大部份不是金錢，而是土地。也把錢財藏於地下，土地之中，表面上是看不出其人會多有錢的。

命理真言

『太陰單星』坐命的時候，根據月亮運行的宮位，所具有的財富就有多寡之分了。**以『太陰坐命』亥宮的人**，所管理的錢財最多（為別人管理）自己所擁有的財富也多，我們可從其**田宅宮（財庫）中是『武曲、天相』**得知。而其**財帛宮是『空宮』**，因此『太陰坐命』亥宮的人，房地產多，而手頭並無太多的現金。他的財富屬於地產類。

『太陰坐命』亥宮的人，其遷移宮是『天機居平』，代表所用之人並不是很得力，卻是有點小聰明，也常常作怪的人，因此他們不會很放心讓手下人去看管錢財，全都自己親力親為的去忙碌點收。由他們的**僕役宮為『天同、巨門』**，也可看出所用的屬下有多不得力了。還好他們自己非常的精明小心，因此財富守得好，也愈積愈多。

『太陰坐命』酉宮的人，是『太陰坐命』的人中第二等富人。同樣的他的**遷移宮是『天同居平』**。所用的看守財庫之人是一個又懶又有

命理真言

些笨的人，只會偷懶享福，不過是福星嘛！一切倒也相安無事很太平，也不會出什麼大亂子。**他的財帛宮是『太陽居旺』**。『太陰坐命』酉宮的人，倒也運氣很好，守在自己家裡，不要太和別人來往，以防交些爛朋友，倒也太平享福。『太陰坐命』酉宮的人，**僕役宮是『七殺』**，太多的部屬下人和朋友會來劫財，因此以靜守為佳。

『太陰坐命』戌宮的人，『太陰』居旺，他的財富和命坐酉宮的人是一樣多的。但是他的**遷移宮是『太陽』**，替他看守財庫的人，是陽剛氣重，豪邁灑脫，但並不是個會理財的人。這種人表面上高大，唬唬人可以，因此『太陰坐命』戌宮的人，仍是要靠自己操勞，才能守住財。另外再加上他的**僕役宮是『武曲、七殺』**。也就是說『太陰坐命』戌宮的人所養的下級部屬和朋友都是窮凶極惡，正虎虎眈眈在窺伺他的財富的人。

命理真言

由『太陰坐命』戌宮者的財帛宮為『天機』居廟來看，也可知道，他自己若防守得好，財富就多，防守不嚴謹，財富就少，這是一種常常消長有變化的財運形式。當然其結果是不能和『太陰坐命』亥宮的人相比的了。同時也比不上『太陰坐命』酉宮的人，可安享財富的處境。

剩下三種『太陰』單星坐命的人，命宮都居陷位。財富極少，有些更列於窮困的地位，現在一一來說明：

『太陰坐命』卯宮的人，『太陰』居陷，記帳員所侍俸的主人本身都沒什麼錢財，當然看守財庫的武將沒有事可幹，每天只會吃飯、睡覺了**（遷移宮是『天同』居平）**。『太陰坐命』卯宮的人，**財帛宮是『太陽居陷』**，這位記帳員還必須自己出去賺錢來養活看財庫的酒囊飯袋，記帳員又沒什麼本領，賺不到很多的錢，又常讓屬下、朋友抱怨，問題

命理真言

很多**（其僕役宮是『七殺』）**。這真是一個辛苦又慘的局面。

『太陰坐命』辰宮的人，『太陰』也居陷。記帳員的主人是一個家道中落的窮財主，只有一個空殼子而已了。替他看守財庫的武將是一個悶不吭聲、能力又不強，只有一付好脾氣的人。沒什麼法子保家衛主**（其遷移宮是『太陽』陷落）**，而底下所用之僕人、朋友更是窮惡之極**（僕役宮是『武曲、七殺』）**。這樣的日子非常難過。『太陰坐命』辰宮的人，**財帛宮是『天機』廟**。代表記帳員以變賣、典當得一些錢財才養活這些所用之人。有東西可變賣時，則日子富裕一點，沒東西可賣時，日子難過一點，財運變化無常。

『太陰坐命』巳宮的人，『太陰』也居陷。這位記帳員的主人已經是窮困之人了。但是所用看守財庫之武將更是奸險鬼怪的小人**（其遷移宮為『天機』居平）**，並且還有常想結夥搶劫與他為難的部屬、朋友

命理真言

（僕役宮為『七殺』）。他很想打發這些下屬、朋友，但也拿不出錢來**（財帛宮是『空宮』，有『同巨』相照）**日子非常難過。

太陰雙星坐命

『太陰』雙星坐命的人有『機陰坐命』、『同陰坐命』、『日月坐命』三種命格的人。

機陰坐命

『機陰坐命』的人，是『太陰』財星和『天機星』同坐命宮的人。『太陰』屬水、『天機』屬木，兩星應在寅宮（木旺）之地較好。況且月亮在寅宮是初升，在申宮西落居平位亦是不佳。

『機陰坐命』的人，因為『天機』所屬的聰明智慧只在得地剛合

命理真言

格之位。**因此『機陰坐命』寅宮的人**，是一個具有普通智慧的記帳者，他是替財主算帳、記帳的人。尚能克盡己任，完成工作，本身也因工作而帶來固定的財富。**而『機陰坐命』申宮的人**，具有普通的能力，但是所侍奉的財主卻不怎麼有錢，因此他自己也沒有什麼財富可言。手下也沒有什麼可用之人，只有靠自己的薪俸過清苦日子罷了（財帛宮是『天同』居平）。

同陰坐命

『同陰坐命』的人，是『天同』福星與『太陰』財星同坐命宮的人。**當『同陰』居子宮時**，此二星都居廟旺之位。他們是一個天生好福氣的人，所侍奉的財主很有錢，工作也很輕鬆，老闆很好講話，對他很溫和，雖然他自己手下沒有用人（遷移宮為『空宮』），老闆所用的其

命理真言

他部屬和朋友，對他不是很好，但也不侵犯他。因此這樣薪俸不是很多的記帳工作，做起來還蠻愉快的。

『同陰坐命』午宮的人，情況較差了，他跟隨一個沒什麼錢的財主做記帳員，每日很忙，做的都是雜事，也沒什麼錢可記帳（『天同、太陰』在午宮居平陷之位）。當然沒有幫手（遷移宮為『空宮』）。老闆所用的其他部屬雖不欺侮他，但自己的薪俸常是有時領得到，有時卻有斷炊之虞（財帛宮為『空宮』），十分煩悶。

日月坐命

『日月坐命』的人，是『太陽、太陰』同坐命宮的人。**當『日月』居丑宮時**，『太陽』居陷而『太陰』居廟。他是一個幫脾氣不好、情緒變化很大卻很有錢的財主記帳的人。他也沒有幫手（遷移宮為『空

命理真言

宮』）。老闆依照情緒變化給他薪水。有時多有時少，但還會按時發放，還不錯（財帛宮為『空宮』，有『機巨』相照）。

『日月』居未宮坐命的人，『太陽』居得地，『太陰』居陷。他是一個幫窮主人記帳的人，這個主人是有名望無實財的財主，根本沒錢。但礙於身份，倒不會亂發脾氣，可也是個陰暗不定的人。常常發不出薪水來，因此『日月坐命』未宮的人，也常沒有錢（財帛宮是『空宮』）而鬧窮。

由上列可知『太陰』坐命的人，不論是單星坐命或雙星坐命，都要看其所坐之宮位所在，而訂其財富多寡。而『天府』財庫星和『太陰』財星之不同處，也就是『天府』是看管財庫的看守人，是一個財庫大管家，而『太陰』只是記帳員資格的會計人員。而『武曲』是財主地位的人，自然所獲取的財富有所不同了。

命理真言

祿存星

『祿存星』是財星，他是屬於自己擁有一方土地，自耕自種的自耕農。可以說自己也是小財主，也同時是記帳員和看守自己財庫的人。當然他財富的規格比較小，才一個人又同時做幾個人的事，但是倒也自給自足。

『祿存星』單星坐命時，也要看看他的遷移宮和財帛宮是什麼星？看看是否有外來的力量來幫助他、或是來劫財。來相助的力量大的，這個自給自給的小財主也會較富裕。來劫財的凶星相照，這個小財主的財富就會變得更小變更少了。

『祿存』與其他星同坐命宮時，也要看其他的主星是吉星或凶星而定。也隨同宮的其他主星而有旺弱之分。主星是財星居旺的，他就更增加其財富。主星是財星居陷的，他的幫助也少一點，但總是有食祿。

『祿存』主孤獨，因此不會出現在辰、戌、丑、未四墓宮。若是在四墓宮就會被關看守起來就無法發揮作用了。

命理真言

化祿星

『化祿星』，也是財星。他主要是跟隨主星而有旺弱之分。他像是跟隨在主人旁邊的僕人或跟班的，是佞臣的角色。主人喜歡什麼，他就給他什麼。

『化祿』跟隨的主星不為財星時：

太陽化祿：主人是一個豪放開朗的人，重名氣、官運。『化祿』這個僕

命理真言

人便以增加主人的名氣和官運來討好他。

廉貞化祿：主人喜歡精神上及感情上的享受，『化祿』便竭力使其達成。

破軍化祿：主人喜歡衝刺打拼，奮戰沙場，又好大喜功，愛花錢消耗，『化祿』這個僕人也會盡力幫他達成。

天機化祿：主人喜歡變化，做不同的事，玩不同的花樣，『化祿』這個僕人也會幫他搞怪，但不見得幫他賺錢。

天同化祿：主人喜歡享福、玩樂、注重享受、坐享其成，『化祿』這個僕人也盡力幫他做到享福、有人緣。

天梁化祿：主人喜歡管閒事，做慈善事業，『化祿』這個僕人會幫助他口才好，或用口才賺一點錢。

巨門化祿：主人喜歡講話、搞是非，『化祿』這個僕人會幫助他口才好，或用口才賺一點錢。

命理真言

『化祿』跟隨的主星是財星或運星時，它才會幫助主人去多賺一點錢：

太陰化祿：主人喜歡賺多一點薪水，或是增加一些私房錢，暗藏財富，『化祿』這個僕人會幫他把銀行裡存褶上的數字暗中增多。

武曲化祿：主人是一個財主，特別愛錢，『化祿』就直接幫他賺大把的鈔票，以滿足他。

貪狼化祿：主人是武將，喜歡有好運，『化祿』就幫他促成好運，甚至使他有偏財運。

命理真言

因此『化祿』的性質和『祿存』是不一樣的。『祿存』不管主人要什麼，都一概給主人食祿（有飯吃）。主人為財主，或富人，就多給主人更大的食祿。主人窮一點也會給主人足夠溫飽的食祿。而『化祿則不一樣了，主人愛什麼，他就給主人什麼，倒不一定全給錢，有時候也只是意思意思給個紅包算了。

上述的財星有這麼多的不同點，性質也各異，現在你一定能分別他們在財富上所各具有的意義了，也知道各種財富的位次了。而我在『你一輩子有多少財』書中，是以現代幣制的條件，用新台幣的數目將其直接計算標出，也許你會覺得嚴苛，也許你會驚訝自己居然這麼有錢，但這總是一個參考的數值，你不妨自我估計一下，做為努力的方向，更可能你會創造出更高的財富數值，也未嘗不是可能的喲！

命理真言

命中財庫質與量的問題

現在還要再談一個問題。有朋友在讀了『你一輩子有多少財』這本書之後，很興奮的寫信問我：『難道我一輩子真的有那麼多錢？有四、五千萬元那麼多嗎？』**看起來他好像很興奮，也很滿意，想要立刻拿到這四、五千萬似的。**但是我要提醒讀者的是：『請看這本書第43頁、44頁有關財富的計算方式』。其中有很清楚的說明。

命中的財富，是從生到死的計算方式，幼年時父母所給予的養育、教育的花費，國家所給予的教育經費也在你命中的財富裡進出。(屬於你命中的財富之一。)

及長，你要結婚生子，養育子女，奉養父母的花費，也在命中的

命理真言

財富裡進出。

在這些財富中也包括了你被人坑蒙拐騙去了的錢財（這屬於你自身耗財的部份。）亦包括你強取豪奪而得來的錢財（這屬於你進財的部份。）

因為關於『你一輩子有多少財』的清單，就是經過你的生命而過手的財富。

因此，這位讀者請不要興奮的太早了，因為一輩子的財是由初生到死亡時的可用之財，想想你幼年、青少年過得如何？你現在又是幾歲？你可能會活到多老？倘若會活過七、八十歲，距離目前的年齡還有幾年？

倘若你有70歲的陽壽，命中就算有五千萬好了，這樣每年平均只有七十一萬四千元可花用。幼年時、青少年時，若得自父母付出養育的

命理真言

錢財較優渥，則今後你可用之生命中的錢財就會小於這個平均數值。也就是在中、老年以後會窮困。所可以花到的錢、享到福份，根本一年不足七十一萬四千元了，當然也沒有財產可言。倘若幼年困苦，父母花在你身上的錢少，中、老年以後生活會普通過得去，但也不會是富人。就算你中、老年以後，子女供給你，一年有一百萬可花用，十二個月平均下來只有八點三萬。這樣的財富比起命中有五億、十億、百億的人來說，難道算是富人嗎？

當然我並不是要潑這位朋友冷水，我也希望朋友們能打破我所估計的數值，創造更富有、更精進的人生。把人生過得更精彩一些。但是命理學是一個歸納性的法則，把相同命格的特性歸納出來，因此我們能做這樣一個財富的斷定。

紫微斗數格局總論

法雲居士⊙著

這本書是將紫微斗數中所有的命理特殊格局，不論是趨吉格局，如『君臣慶會』或『陽梁昌祿』或『明珠出海』或各種『暴發格』等亦或是凶煞格局，如『羊陀夾忌』、『半空折翅』、或『路上埋屍』或『武殺羊』等傷剋格局，都會在這本書中詳細解釋。

這本書中還有你平常不知道的很多命理格局。要學通紫微命理，首先要瞭解命理格局，學會了命理格局，人生的問題你就全數瞭解了！

命理真言

第四章 『暴發運格』的力量可撼動世界

我是以寫『偏財運』的命格起家的。連續出版了『如何算出你的偏財運』以及『驚爆偏財運』、『樂透密碼』、『暴發智慧王』等書。這幾本書在出版的時間上其實相差了兩、三年的時間。雖然這幾本書都得到讀者很大的迴響和喜愛，但是在精神上還是帶給我一困擾的。

出版業是一個包容性很大的行業，什麼書都出，但是還是常會碰到一些出版業的人士問我！為什麼你會寫這樣的幾本書呢？

命理真言

當然我知道！這個問題也就是一般讀者，只見書名，而未見書中內容時，所產生的疑問了。並且『偏財運』這三個字也在他們的心中產生好奇，卻又不知道偏財運是不是他們該貪的財？而猶豫不決。自然這種人是屬於固執保守的人。

其實在這幾本書中，開宗明義的就說道：『偏財運』就是『暴發運』，是某些人本身命格中所藏有的強勢命格的型式。堅強的『本命』(性格)和具有固定起伏的『運程』。相互交織成一個成功人生型態的架構。

人的『運程』像山川地理的形勢。有些人的『運程』如小崗丘陵、小河蜿蜒。有的人一生的運程如高山峻嶺，起伏的形勢較大。而具有『偏財運』格的人，就是屬於這種高山峻嶺似的人生運格。當人生走到高山之巔時，便暴發『偏財運』了。

命理真言

這也像一顆太空中的星球，在固定的年份、固定的時間中有彗星會撞擊球體，而產生暴發的能量。這個能量能直接把人送到事業成功的頂端。

『暴發運』是優良的ＤＮＡ

『偏財運』、『暴發運』是人與生俱來的力量。這個力量在古代帝王身上看得到，**如秦始皇、朱元璋、康熙皇帝等等**。**在文臣學士如李白、紀曉嵐身上也看得到**。在武職崢嶸的將領身上更是明顯，**如左宗棠等**。不但在中國人的身上看得到，在外國人的身上也看得到，**像拿破崙、希特勒、德川家康、左藤榮作等人**。不但在生意人身上看得到，在市井小民的身上也會發現『偏財運』對他的影響。其他諸如政治人士、異議人士、宗教人士、作家、藝術家、軍人、教育界、官員、警界……等等真是無所不在。

既然『暴發運』、『偏財運』是人生普遍的現象，我們在提供給年青人奮鬥努力的方向時，為什麼不把這一點人類本身具有的原動力解說給他們聽，讓他們能在人生奮鬥的過程上，也規劃這一點原動力進入努力的過程裡面，豈不是可以幫助更多的人，快速的進入成功的境界，這樣對人類社會也更形有利不是嗎？

『暴發運』會創造歷史

『暴發運』、『偏財運』不但會影響人類的自身，也會創造歷史、改變歷史。**我在『驚爆偏財運』一書中有詳細的說明**。拿破崙、希特勒、墨索里尼，他們都是世界大戰的主導者，也都具有『偏財運』、『暴發運』。中國的蔣宋美齡女士也是二次世界大戰中居領導者地位的人，同樣具有『暴發運』。戰爭改變了數以億計人的生命，而這些具有『暴發運』命格的人又改變了戰爭的面貌。能說『暴發運』、『偏財運』不會影響人類至鉅嗎？

成功者多半具有『暴發格』

當然『偏財運』、『暴發運』更能創造財富、得到權力、升官發財、掌握主貴的力量。希臘的船業鉅子歐納西斯、美國的富翁休茲，都是具有『暴發運』的人。另外像目前台灣炙手可熱的大企業老闆如台積電的張忠謀先生、宏碁電腦的施振榮、鴻海集團的郭台銘也都是具有『偏財運』的企業家。

『偏財運』本身並沒有什麼不好，它也默默的造就了許多的成功者。把人類一生的成就，從小成轉為大成。但是『偏財運』也是有許多特性的，其中最顯著的就是其人性格上的堅毅卓絕，以及人生運程行到至極必會下滑，這也就是所謂的『暴起暴落』的原理。

『暴起暴落』也是『暴發運格』的必然經歷

有的人在『暴起暴落』中很明顯，有的人則比較不明顯，這是什麼原因呢？這主要是某些人早已掌握並明瞭了『暴起暴落』的特性。即早做了預防的措施。也許這個人並不一定確定的知道自己有『偏財運』。但是他知道自己在那些年份運氣較好，做事較順利。也知道自己在那些年份問題比較多，外來的壓力和困擾也較多，他就會事先規劃設計，去躲過那些他自己已經知道的人生陷阱。因此在外人的眼中，他始終是個不疾不徐，一輩子都有好運籠罩的好命人了。

而『暴起暴落』很明顯的人，其中也不乏根本不知道自己有『暴

命理真言

發運』的人。他們在自己突然爆發之後，非常興奮，做事投資都很積極、擴充很快，讓外人眼紅。可是他們知道自己有很多好運，但是弄不清楚，到底好運有多少？是不是一直這麼好運下去？好運會結束嗎？他們實在不敢想像好運結束時，會給自己帶來多大的沮喪。因此寧可相信這好運是會永遠停留不走的。並且有人會自詡這是天命！顢頇自大的結果，而沒有顧及可能遇到的負面問題，並且也不瞭解這就是『暴發運』！以及後來『暴起暴落』的危機。以至於沒有做任何預防的措施，而功虧一潰。

瑞聯建設的老闆周啟端先生就是擁有『暴發運』的人，因為發展迅速，而在寅年有財務危機。而同樣是在龍年爆發『偏財運』的人有很多，而暴起暴落的問題也會顯現，但為什麼別人能安然渡過，而他們卻會跳票呢？這就是一直不能忘情於暴發運的快樂。也忽略了從這個高峰

命理真言

山頭要到對面的高峰山頭，是必須先下山，過谷底，再上山，向上爬到另一個高峰的。

從名人的實例中，我們也可以看到：『暴發運』格及『偏財運』格，也可以將人帶入正規的道德規範之中。

『暴發運』會帶領人轉向正道

具有『暴發運』格的人，都有比一般人強悍的性格特質。就是因為有這種強悍的特質，才容易達成其生命所交付的任務。這種人也特別能辨清自己的人生方向。

例如威京集團的沈慶京先生在青少年時代也曾混跡黑道組織，坐過牢，而當暴發運來臨時，便能幡然大徹大悟，究竟是正規的生意人較能贏得別人的尊敬。並且暴發運幫助在財運上的豐厚獲利，再也不須從事提著腦袋玩命，再做不法的勾當了。

當在一些場合中，我被一些朋友問道：『你為什麼那麼瞭解『偏財運』呢？到底你有沒有『偏財運』呢？』

古代命理典籍未曾研究過『暴發運』

在古代的命理典籍中，並沒有一本是完全研究『偏財運』的書。甚至有關『偏財運』、『暴發運』的有關詞彙只是隻字片語的出現在某些書中。對於『偏財運』、『暴發運』的不加研究，當然是基於封建制度下，以讀書致士為貴。讀書人最忌諱談錢，鄙視商人。偶而有經商致富，暴發財運者，都以為其是不義之財、商人銅臭。這是因為商人在封建制度下地位不高的結果。因此像胡雪巖等商人，雖長袖善舞，富可敵國，仍是不為一般讀書人所敬重的。所以連帶的，暴發財運的問題，也

命理真言

不會在命理討論的範圍之內。讀者可以觀察一下，所有古籍的命理書中，都是在討論主貴的格局，其次才是食祿的問題。

然而，『暴發運』、『偏財運』的爆發，並不止於錢財上。讀書人『十載寒窗無人問，一朝成名天下知』的高中科舉，與『一將功臣萬骨枯』的將相意氣風發，也完全都是在運氣突然爬升至高峰時，一種超人氣的表現。不但得到主貴的地位、權利、名氣，也得到財富。這也就是『偏財運』、『暴發運』的展現。而古代一般的命理書只會以『大運逢旺』一語帶過。這種大運的極至、人生的高峰，就是『偏財運』、『暴發運』所主導，而爆發的真憑實據。

現代人鑽研『成功法則』要用心利用『暴發運格』

並且我們將這些有極至旺運的人的命格用紫微命盤一一標出，就

命理真言

會找到命格上的共通點，這個共通點就是『暴發運格』。

當然沒有『暴發運』、『偏財運』的人，又如何能體會『暴發運』與『偏財運』所帶給人的強憾力量呢？一定本身具有『暴發運格』的人，才會知道『暴發運』及『偏財運』是怎麼一回事！也才會明白『暴發運格』帶給自己是怎麼樣的一個人生。

成功不是偶然的！『暴發運格』、『偏財運格』也都不是偶然的，倘若你有『暴發運格』、『偏財運格』，而認為它是偶然發生的，那你真是對自己太無知了！每一個具有此命格的人，都對自己深具信心，並且非常明瞭自己的處境。為什麼對自己深具信心，因為清楚的知道自己的能力高低，絕非池中之物。如何來明瞭自己的處境呢？因為自己也清楚的知道，不是未發，是時候未到而已。也因此具有『暴發運格』、『偏財運格』的人，運潛時可蟄伏，運到時便可如蛟龍般一飛衝天了。當眾人

命理真言

正在驚愕於某人如何從默默無聞中突然變成當紅炸子雞時，或者驚愕於某人突然創事業新高、富貴齊揚時，你就應該知道他發生了什麼大事？那就是『偏財運』！那就是『暴發運』呀！

在一般人談到『暴發運』、『偏財運』時，都會露鄙疑的眼神。好像這些都是屬於貪赧的小人所為之的勾當，殊不知『偏財運』和『暴發運』默默存在於一般大眾的命格之中，已存在數千年的歷史了。它促使了歷代的興亡，造就了每一個朝代、時代的英雄。也創造了千千萬萬人類的財富，並且豐富了他們的人生。這麼一個默默付出的好朋友，在你努力時，為你加溫做推進器。在你爬至高峰時，為你放射繽紛炙熱的火焰，讓你的人生綻放出光彩奪目的火花。難道你還要隱諱它的名字不讓別人知道？

你應該大聲的告訴眾人說：我的好朋友就是『偏財運』呀！

命理真言

第五章　君子固窮、穩定而能轉富

蛤蟆張嘴口氣大

有一天，我接到一通讀者的電話：『老師呀！快點用你的偏財運救救我吧！我真是窮瘋了呀！』

我正想從命盤格局上看看能不能幫助他的時候，隨性問了他一句：『那到底是差多少呢？』

他說：『我就只差幾千萬嘛！』

聽到此話，我不禁莞爾，說的也是，誰不是差那幾千萬呢？有了

命理真言

幾千萬就可以做千萬富翁了。誰又不是只差了那麼一點就做了富翁了呢？

一九八七年我隨家人前往大陸一遊，遇見一些從未謀面過的親戚，紛紛遊說我們前去投資。見到這些不甚富裕的親戚，心生同情便想幫助他們，於是問道：『到底要出多少資金才能幫他們開業做生意呢？』

這些親戚答道：『有個幾百萬美金、幾千萬美金是差不多的。』

當時我也不禁莞爾，說的是嘛！錢，誰會嫌多呢？不過我真的懷疑他們這一輩子是否能看到這麼多的錢。他們到底知不知道，這些錢需要寫幾個零字呢？

命理真言

命理上的『窮』與『富』

通常從命理學的角度來看一個人是窮是富，首先要看一個人的根基是否穩定，也就是本命所屬的性格是否穩重，再就是以其人的奮鬥力是否旺盛？主事的能力是否精明夠『格』，接下來才看『運』的助力。『運』是大環境的力量。縱使有了前三者先天厚重的才能，大環境不好，人也是窮的。就像開放前的中國大陸，四人幫的時代，政治動盪，每日人心惶惶、經濟凋敝，縱使再能幹的人也三窮四白。現在經濟開放了，人們的生活過得好了，富翁也增多了。但是某些懶惰及命運不濟的人，仍會想念人民公社吃大鍋飯不必做事的年代。

一般大家都會認為，富人說富話，不知人間疾苦。窮人說窮話，嗚呼哀哉。可是窮人也常說大話，藉以聊慰自己。窮人說窮話的時候，大家都會原諒他。因為身合其格。而窮人說大話時，身份不合格，讓人有好笑輕蔑的想法。也會讓人對其人格有異樣的想法。

孔子曾經說過：『君子固窮，小人窮斯濫矣。』

君子在金錢少一點的時候，仍是能固守本份、安貧樂道。這在心理與氣度上卻不窮，卻是富裕的心態。因此君子的窮，是『運』的問題。時來運轉，自然會化戾氣為祥和、富而堅固了。

小人在缺少金錢時，便不能守本份，以前是飢寒起盜心，現在是沒了很多錢便起盜心。很多青少年為了打電動玩具，為了買毒品而搶劫。他們那裡是因為真正的為生活上窮困而作奸犯科呢？實際上應是心窮命窮，智慧也窮，才等而下之的往賤途、惡途上走。這才是真正的貧窮！這才是可怕的窮困啊！

命理真言

『心窮』是『真窮』

一個人的窮困從什麼地方開始呢？就是從心開始，口是心的出口，因此口快心直的人，都衝口而出的表現出自己的窮困。

通常一個人的『運』不好的時候，時間的流動會改善它。三個月、三年都是一個週期。運窮的時候，三個月、最多三年就能完全反轉過來。但是心窮、命窮的時候，卻是一輩子都無法改變的事實了。除非能大徹大悟這個心窮、命窮的道理，才會有救。這是別人幫不了，自己也永遠像浮木一般難以靠岸的。

雖然我寫了兩本有關『偏財運』的書，『偏財運』就是『暴發運』，屬於人自己本身命格的部份，我只是研究大多數成功人類的共通點時發覺了它，並把它公諸於世。我不是神仙，也不會變法術，當然更無法為人製造人命格中先天具有的『偏財運』。這個觀念我在很多書中都再三言明。

真正具有『偏財運』的人，都有堅強的意志力，並且自己本身就知道自己什麼時候該發，什麼時候該弱，對於自己人生運程的起落之間，心知肚明，也從不會向人訴苦，念苦經。因為他們自視很高，知道靠自己比靠別人強。

命理真言

非『偏財運』者，以『正財』為主

至於老想用『偏財運』來救濟自己窮困的人，多半是沒有『偏財運』的人。此話還真是靈驗！就在詢問這位讀者是那一年生的時候，他答說是壬年生的。壬年有『武曲化忌』，就算他擁有『偏財運』命格，『武貪相會』，但是為『破格』。並且有『武曲化忌』的人，肯定有金錢

命理真言

上的困擾。此命格的人那裡能感受到『偏財運』的滋味呀！

沒有『偏財運』的人，則以『正財』為主。必須兢兢業業的工作，以固定薪水為主，做公務員或公司中之職員，步步高升為佳。有『武曲化忌』的人，是不適合做生意的，金錢不順，是非又多，如何能把生意做與隆起來？因此有『武曲化忌』的人，只有規規矩矩的上班，不要有貪念，人生才會快樂。就算要貪，也貪不著。只會給自己帶來更多的麻煩、是非糾紛，給人生添造了更多的痛苦而已。

你的財怎麼賺
身宮命主身主
如何掌握婚姻運

如何掌握旺運過一生

法雲居士⊙著

這是一本教您如何利用『時間』來改變自己命運的書！旺運的時候攻，弱運的時候守，人生就是一場攻防戰。這場仗要如何去打？
為什麼拿破崙在滑鐵盧之役會失敗？
為什麼盟軍登陸奧曼第會成功？
這些都是『時間』這個因素的關係！
在您的命盤裡有哪些居旺的星？
它們在您的生命中扮演著什麼樣的角色？
它們代表的是什麼樣的時間？
在您瞭解這些隱藏的契機之後，您就能掌握成功，登上人生高峰！

第六章　政治算命師常算不準

『鐵口直斷、童叟無欺』一向是算命師所扛的老招牌了。這兩句話八個字也代表著算命師自己所期許的專業、信用、向善、剛直、有格調、品格高尚等的種種美德。不但是從事命理的人常會以此為傲，就連普通人也耳熟能詳。

算命師依人品、知識、智慧專業能力的不同，也會像其他所有的行業中會出現道德高、品行好、能力也強、道行也高的人。同樣也會有以邪門歪道來斂財的算命師，其實在我認為：這種用旁門左道的方法為人算命改運的算命師，實際只能算是一個賭徒而已。賭一賭自己的機會，騙到了錢便是賭贏了。騙不到便是賭輸了。當然，賭徒的運氣總不會一直是好的，終究會有東窗事發，一敗塗地的一天。

現在有個怪現象，因為近年台灣選舉活動很多，算命師又有了新的出路，到媒體上去算命了。因此只要打開電視機，便可看到台上坐著好幾位算命師大放厥詞。但是怎麼看也很奇怪，這個人幫著綠色的黨在說話，那個人幫著藍色的黨在說話，也有幫無色的黨說話的，那就是無黨籍或者小黨的算命師了。

其實幾位座上的算命師一字排開，旗幟鮮明，根本就是各黨發言人，在宣傳自己所屬政黨的文宣，美其名在預測選舉，實地理在推銷自己黨中的候選人。

我們姑且不論這些命理師所推銷的候選人好不好。現在必須探究

命理真言

的是算命師真正該守的職業道德規範是什麼？以及『鐵口直斷、童叟無欺』千古不變的命理精神又到那裡去了呢？

有一位算命師指出其中一位候選人，是『含著銀湯匙出生，有帝王之相』。並且搬出紫微斗數的命理法說他指日可待。

『含著銀湯匙出生』是民間傳說，怎可以此為命理的依據？再說這位候選人的祖父時代並無這麼多財產，只是小康之家而已。現在他有數百億家產都是這幾十年來增加的，豈可抹殺他個人的努力呢？

另外『有帝王之相』就更無稽了！現在已是接近公元二千年的時代了，中國沒有皇帝也將有百年之久。現代社會講究民主，再以開倒車、用古代八股的封建思想來愚民，恐怕不是這位候選人之福吧？因此若想以『天命足以當之！』來遊說百姓，只怕天命難違，百姓難違，命理師自己的專業信用也受到挑戰了。

有位命理師提到這位候選人，現已近六十歲，走面相學上的法令的運程，因為他這個部位不算好，因此必須要小心。沒想到周圍其他的命理師群起而攻之。這一場命理師的政治秀真是有趣極了。只能說好的，不能說真話，眼明的觀眾誰人不心知肚明呢？

算命師到底該不該介入政治呢？

在我認為：命理師也是普通人，當然也可以參加黨派，為人助選。但是這只是個人行為，必須以平常人的身份參與。倘若以專業身份參與黨派之爭時，則必會有傷及專業以及情緒化的狀況產生。這時候再論及命理，還可能有『鐵口直斷、童叟無欺』的信用保證嗎？

一個專業命理師應該是個隱士。古人有云：『小隱，隱於朝。中隱，隱於市。大隱，隱於山。』也就是說小隱，就在政府中做一個小官，為社會國家盡點力。中隱，就隱於市集之中，教化百姓、幫助百姓。大隱，就真正的隱居於山中做自我修行了。現代這個社會是資訊發達的現代化社會，當然無法隱居山中，並且也無山可隱。但是我們仍然可以做一些對其他人類有益的事，為某些有人生困擾的人提出參考意見，排憂解難。

命理真言

命理師應該『自詡』與『自律』的事情

A　**算命師應該是個『隱』的工作，是幕後出計謀，幫助人過更好生活的軍師型的工作。**這絕對不是在幕前指揮、挑釁、結集民眾搞民眾活動的工作。

B　**況且算命師不隱，天天忙碌對自己有利，廣結財源，那裡還有時間自修？**命理學也和所有的學問一般，是學無止境的。命理師接近人

命理真言

群，是想為人排除憂煩困難，同時也在做印證的工作，藉此能讓自己的命理知識更形提高。

C **命理師不隱，便不能靜心**，思想就會日漸混濁，也無法感應命理學中高超的境界，當然更無法產生靈動，而更準確的預知了。

D **專業命理師應該是個老師**。前面說過專業命理師應該是適合吃這行飯的人，就是命中該有『天梁星』。有『天梁星』就是有『師格』。屬於軍師的類型，替人出主意，解決困難。因此是個幕後的人物。

E **另一種『師格』就是『老師』的師格**。命理師應該自許為人們生活上的導師。幫助一般社會大眾，認清是非、黑白，將一般知識淺陋的老百姓們納入道德的規範之中，並使人容易找出人生努力的方向與目標。增加人向上的意志力，鼓勵人相親相愛、六親和合。

F **算命師也可以指導人們步入富貴之途**。但是這必須讓其人自己去努力。而不是算命師自己去運用法力，或自己去遊說、製造假相讓當事人得到利益。

命理真言

G **算命師應該是個智行合一的人**。在一般人的眼中，算命師是有點怪的人。真正有內涵，對命理學透徹的命理師，確實會有些怪。

H **因為他們已經參透人生的無常**，也參透人生的有常。而來求算命的人，都一而再、再而三的重複問著相同的問題，答了一遍、二遍、三遍，為什麼還不懂呢？算命師就閉嘴不答了！這不是怪嗎？

I **算命師明明知道人生中是多變化的**，變化又有它固定的曲線圖，卻還要替人改運，幫人以假亂真，這豈能算是智慧與行為是相同步伐的人呢？

命理真言

算命更應該是個有修為、具有慈愛心的醫生

大家都知道算命師就是一個學習五術的人，五術就是山、醫、命、相、卜。因此以前很多命相師都研習過中醫，會替人看病。在命相學裡，從五行變化中也可以看出人身體上的疾病所在。這就是實地為人看身體的病源了。

現代的命相師雖不如古代命相師有那麼多的專業學問，又會看祖墳巒頭，又會醫病。但是現代命相師多朝向醫人心病的方向深入。某些命理師用鬼神來嚇當事人，又是嬰靈作怪，又是祖先生氣，更有前世今生冤冤相報之說。

但是真正的算命師應當先把自身修好，不管有沒有鬼神，自己首當其衝的就必須是個心誠意正的人。如此正直的人，又何懼鬼神之有呢？況且真正的鬼都存在人心之中，算命師都自認有鬼了，又如何來為

命理真言

人們醫治心病呢？

因此，算命師更應該是道德規範高於一般平常人的人。也應該是個人溺己溺，感同身受有慈愛心的醫生。如此才能真正看得好存在於一般民眾心中的病源，也才能真正找出命理上有科學根據的理論，做出確切的人體實驗出來。

目前江湖算命師各有各的門道，各有各的取財方式。有的人利用宗教上的觀念，加上少許的命理形式，為人改運解決難題。結果別人的運沒改成，他自己倒是改運了，大賺了一筆。像這種算命者，我們只能稱其為江湖術士罷了。

倘若算命師不能有所覺悟，依然只為自己的財富著想，改自己的運比改別人的運多。甚至攀附豪門，不顧人格，做政治的傀儡工具。終究會見棄於社會。最後只落得一個『江湖術士』之稱號了。

對你有影響的

權、祿、科

法雲居士⊙著

在每一人的生命歷程中，都會有能掌握一些事情的力量，對某些事情能圓融處理的力量。又有某些事情是使你頭痛，或阻礙你、磕絆你的痛腳。這些問題全來自出生年份所形成的**化權、化祿、化科、化忌**的四化的影響。『權、祿、科』是對人有利的，能促進人生進步、和諧、是能創造富貴的格局。『權、祿、科』的配置好壞就是能決定人生加分、減分的重要關鍵所在。

星曜特質系列書包括：

『羊陀火鈴』、『十干化忌』、『殺、破、狼』上下冊、『權、祿、科』、『天空地劫』、『昌曲左右』、『紫、廉、武』、『府相同梁』上下冊、『日月機巨』、『身宮和命主、身主』。此套書是法雲居士對學習紫微斗數者常忽略或弄不清星曜特質，常對自己的命格有過高的期望或過於看輕的解釋，這兩種現象都是不好的算命方式。因此以這套書來提供大家參考與印證。

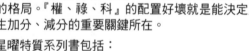

第七章　沉得住氣、笨運也會當選

記得在數年前的一個選舉期間，選舉活動已如火如荼的展開。每日喧鬧到很晚還不能罷歇。我雖住在城市的邊緣地帶，一向以寧靜著稱，也不能倖免於難。

有一日晚間接到一個電話，有一位朋友無論如何要來算命，我一向不在晚間算命的，因為工作一天覺得辛苦，到了晚間精神不濟，對朋友們不好交代，因此辭謝。

但是這位朋友非常焦急，言及有生死關頭的大事，不算一下，可

命理真言

能會死得很慘，交涉了半個小時，那人還是不肯放棄，也不肯另謀名師去算，他說此事很秘密，不能讓其他的人知道，但絕不是為非作歹的事情。最後我讓他把生日時辰告訴我，再決定是否要為他算這個命。生日時辰排出來了，只是一個普通的命格，幸好不是什麼黑道、娼妓之命，因此就接受請託，幫他看看是什麼樣的問題。

一般人算命，不外乎是問『財運』、問『事業』，其次是問『感情』、『婚姻』、『子女』。這位請託者來的時候，閃閃躲躲很讓人起疑。原來這命格時辰不是他的，而是朋友的。通常在得知這種狀況時，算命師是不算的。因為害怕危及第三者。於是我表明了態度。終於這人小心翼翼的說明，這命格的擁有人，因為參加這次選舉，前途未卜，因此想來算一算。但本人又怕洩漏了身份，讓人嘲笑，故派貼身助選的親人來算命。既然是這樣嘛！也情有可原了。

命理真言

這位仁兄命格普通，流年運程又處在一個多變化的時間，而且還有『陀羅』這顆煞星的存在，當然屬不吉了。

我問來的這位先生說：『這個命盤已給別人看了吧？』

他支支吾吾的半響才嗯了一聲，又問：『是不是沒救了呢？』

『不能說能救、不能救！只能說運氣在邊緣地帶。縱然當選，也是在磨、拖、拉的階段之後才出現，因此必須有耐心，挺得住！』

『挺得住！挺得住！只要有希望都挺得住！今天總算沒白來，算了那麼久，大家都說希望渺茫，今天第一次聽到有希望，真是太感謝了！』

『不要高興得太早，要沉得住氣，還要持續不斷的努力，多做一分就多一分希望。置之死地而後生，自然會否極泰來。』

『謝謝啦！謝謝啦！我回去就這麼講啦！我們會做了啦！』

命理真言

選舉揭曉時，這位候選人果然因該區有兩位女性參選人，排除了女性保證名額而遞補上榜，驚險萬分的當選了。

到底是怎麼看到那一丁點的希望了呢？就是那一顆『陀羅星』呀！

『陀羅星』不是煞星，遇之不吉嗎？這次幸虧是『陀羅星』，要是『擎羊星』便真的沒有希望了。

『陀羅星』屬於煞星之一，在流年運程有拖延、不順的特性，也會有血光、災禍、愚笨等問題。**『擎羊星』是直接的災禍產生，**遇到血光之災，也是一觸即發，如刀削一般的快捷。**『陀羅星』是屬於是非混亂**，產生血光或災禍時也是拖得長、拉得久，在時間上使人的運氣低沉很久，把問題也拖得很久，而且在遇到問題時，運氣要回升，也非常緩慢。**因此『擎羊星』不論在那一宮位出現**，都像被人釘了一顆釘子在胸

命理真言

膛上，直接扎入心臟一般，令人痛及肺腑。

而『陀羅星』則是對人施行長期的折磨，叫人日日難受的。『陀羅星』的惡質，用勞碌、消耗體力，減少精神層面的活動，不要想得太多是可以改善的。

而『擎羊星』的惡質，則須靜處，不要動，在『擎羊星』當值的流年、流月、流日中，把特定屬於『擎羊星』的時間找出來，在那個時段中待在家中，或靜止不動，不要做什麼便可躲過。這兩星的不同點就在於此。

我勸這位候選人要沉得住氣，要持續不斷的努力，置之死地而後生。就是要他以勞碌的方式，消耗體力，減少患得患失的思想來抵制『陀羅星』所帶給他的惡質流運。

一般來說，流年運、流月運、流日運走『陀羅運』時，人的思想混沌、感覺上笨笨的，他們又常會捲入一些小是非麻煩之中，被是非困擾纏身而不能自拔，因此再好的運程也受到這些是非困厄而變得無運了，何況又是平平的運氣，怎會不受『陀羅』的干擾呢？

目前台灣所有從事政治活動的人，不是自己會看命，會算流年，就是有御用算命師，天天在算、天天在問。像市議員林瑞圖自己就精通命理，因此省下算命的錢了。

政治人物愛算命，本來也無可厚非，因為是富貴前程，這也和一般人算官運、財運是相同的道理。到底什麼樣的命格和流運才算是利於政治人物的選舉呢？

當然最好本命中有『化權』，再遇『流年』有『化祿』、『化科』等星，形成『祿、權、科』相照會的命程和運程是一級棒的選舉運了。倘若在『流年運』裡遇一、兩顆『化權、化祿、化科』的化星也成，也可擁有選舉權。

例如李登輝先生是『天梁化祿』坐命午宮的人，子年時（一九九六年），雖走『太陽陷落』的流年運，但對宮『天梁化祿』相照，主名聲大好。四方處亦有『紫微化權』來相照，凡事逢凶化吉並掌有主控權。子宮中又有『右弼』同宮，代表有女性貴人的輔助，因此有高票當選的美運。

再看謝長廷先生的命格，他是『巨門坐命』子宮的人。對宮有『天機化權、擎羊』相照。戊寅年（一九九八年）的流年運程是『天同化祿、天梁』。這本來算是普通的命程，但寅年流運有寅、午、戌三合照守之下，『化祿』、『化權』兩星逢齊。『天機化權』是在多變的機運下而掌握先機的運氣。同宮的尚有一顆『擎羊星』，當然是特別辛苦，但『擎羊星』在這時候逢『權星』而有鬥志，也就是『化煞為權』了，故

命理真言

其凶性、傷害是有，但也可化為利器去制敵。因此在整個的流年運程裡是辛苦奮戰，並且在戰跡變化多端裡，以些許的差異而勝利。這也可看出『祿、權、科』的威力了吧！

另外再看看總統馬英九先生的流年運程，他為什麼會掌握勝利呢？二〇一二年的選舉為什麼會十分辛苦呢？

馬英九先生是『太陰、文曲』坐命亥宮的人。戊寅年（一九九八年）的流年運程是『武曲化權、天相』。『武曲』不但代表是財星，也代表政治，再有『化權』相隨，自然能掌握政治上的權力。在流年運程的三合宮位中，也就是寅、午、戌三合宮位中都是吉星。有『廉府、紫微』等星，是非常好的一個流年運程。另外還有『太陽化祿』，以及『天同化科』，分別在丑、卯宮相夾。等於是『科、權、祿』集於一方相輔相成，如此的運勢豈有不成功之理呢？而且一定會大勝！二〇一二年總統

命理真言

大選，陰曆仍在辛卯年中，馬先生雖走的流年運是『陽梁運』，但『流月運』不佳，為『天機居平』，『流日運』更在『同巨運』上，因此只有流年運好，月與日皆差，因此會選舉辛苦。不過，如果是過完年再選舉，狀況會更辛苦不堪的！

當代的政治競選陣式，愈來愈競爭激烈，不但要拼能力，更要拼錢財。不但要拼人緣，更要拼命格運程。沒有命格上的強勢，就要有運格上的強勢，則『權、祿、科』是不可少的重要條件之一。倘若流年運程不好，三合處也沒有『權、祿、科』的幫忙，實在不須大費周章勞命傷財，否則搞了一個大窟窿，背了龐大的債務，要如何善了呢？

賺錢智慧王

法雲居士⊙著

偏財運會創造人生的奇蹟，人人都會賺錢，每個人求財的方法都不一樣，但是有的人會生財致富，有的人會愈做愈窮，到底有什麼竅門才是輕鬆致富的好撇步呢？
這本『賺錢智慧王』便是以斗數精華，向你解盤的最佳賺錢智慧了。
有人說：什麼人賺什麼錢！這可不一定！
只要你得知賺錢的秘笈，也一樣能輕鬆增加財富，了解個人股票、期貨操作、殺進殺出的好時機、賺錢風水的擺置、房地產增多的訣竅、以及偏財運增旺的法寶、薪水族以少積多的生財法。
『賺錢智慧王』教你輕鬆獲得成功與財富。

第八章　東西方皆重視風水

東方人是喜歡談論風水、講究風水的。舉凡東方的國家，如日本、韓國、中國、台灣、新加坡、香港、馬來西亞等地的人，都愛風水之說。

風水與環境科學有關

談風水，大家都知道那是和房屋的座向、屋內的擺設有關，亦和死後墳墓的座向有關的事情。風水真正的意義是不僅於此的。

風和水應該分開來講，以地平線為一分線。地平線以上的氣體稱之風，地平線以下的為水。一是氣體、一是液體，都有流動的性質。風的流動產生了氣和運。水的流動也帶動了氣和運，最後全歸為天體之中，這就是太極圖中陰陽合抱的圖形了。

風水的建築引人入勝

非常著名的與風水有關的幾個例子，分別是香港新機場的建築。新機場面海，在海邊風的流動很大，因此要講究藏風納氣的問題。新加坡的機場與政府機關大樓也是特別請風水師勘查建築的。**此外像日本皇宮御院因為沿襲中國建築的特色**，當然會注重風水。在中國大陸是能見到因風水制定格局最多的地方。**元朝時建設北京城**，建天壇就是一例。**台灣清制時所建的台北城**，也是依天象而劃定街道的，至今許多南北向的街道，仍朝向北斗星而平行並立著。從天空中俯視也是極美的圖畫。

命理真言

風水會影響外交

戊寅年的十一月，在美國的中國大使館向美方抗議說，在他們大使館大門面對的公園內蓋了一所公用廁所，而這間廁所正面對大使館的大門，雖然它是座落在公園之內，仍是直沖著大使館的大門，若是美方不改善的話，會嚴重傷害了兩國的友誼交情。

這間花了數百萬美國納稅人的錢所蓋的廁所，拆了又很可惜，留著又會影響友邦邦交，美國真是為難！最後中國的風水師提出了兩全其美的辦法，要美國人在廁所前種一排高大的杉木，擋去這個穢氣沖煞。美方欣然的從善如流，當然比拆了它省錢多了。於是解決了這個問題。這一次又讓美國人見識到風水的厲害了。

廁所是污穢之所，煞氣極重。在中國古老的房子一向是把它放在屋後方，並且距離本屋有一些距離。中國的房子多半是座北向南的，因此廁所的方位多半在坎位、艮位，也有在乾位的。這幾個方位都與水有關，讓污穢化水而去、歸源大地。

風水會影響國運

西方人對中國人的風水很好奇，但有時也不能不佩服。據說中國駐美國的大使館就佔據了很好的位置，因此在與美國交往與交涉中，都佔有強勢的地位。而這一點古代就有很明顯的例子。秦始皇在統一六國爭戰時，每次都要從東北方的城門出戰別國。東北方的艮位，也是『破軍星』當值的位置，煞氣很重，利於作戰。因此而能統一六國。

現在西方人也漸漸想瞭解中國的風水之說。在美國、英國、法國都買得到翻譯過去的風水及命理書籍。並且一些外國的建築師也在研究中國建築上的風水問題，並漸次的將之施行在大樓的建築設計之中。

可以預卜的是：未來中國的風水學問將更風行於全球，並且會影響到未來建築設計的方向。

第九章　神算特警緝凶手到擒來

在省刑警局裡有一位精通紫微斗數的翁福裕先生，我是從雜誌看到這位先生的故事，並覺得這位先生真是把紫微斗數的絕招真正的應用在事業上了而佩服。

算命神探心戰第一

翁福裕先生常為了辦案，到獄中去接近被羈押收留的犯人，以幫忙算命，看流年，看吉凶為理由，向犯人討得生辰八字。再排出命盤，根據犯人的性格，向其展開心理輔導，讓犯人說真話，或供出同夥的逃犯。因此而破案的案件有很多件。最知名的就是屏東議長鄭太吉殺人案了。鄭太吉一直不肯認罪，經過這位精通命理的警員向其解釋命盤後，淚流滿臉而甘心認罪。

這位翁福裕先生也常替長官算升遷的吉運，大家都把他當做半仙來尊敬著。

紫微斗數一向在命理學方面是比較簡單、又準確性極高的命理方式。而且人的命盤一旦列出來，吉凶禍福立見。有時候要抓一個逃犯也不是難事，只要大略知道這個逃犯的生日，沒有時辰也不要緊，只要有照片看長相，便能斷定是什麼命格的人，命盤格式也一併知曉了。再找到生辰所屬『羊、陀』二星的位置，尤其是『擎羊星』最重要，這個日子和時間就是其人的弱點時間，掌握住便很容易捕獲了。倘若此人有

『羊陀夾忌』的格局，是勢必會敗在這個時辰的。

作奸犯科的匪徒命格中，常常都是格局很差，三合四方宮位都有煞星佔據。甚至多數也是『太陽』、『太陰』陷落的格局。若再加上『化忌星』一同作亂，這個人不但命格差，一生中也夠亂，夠沒運的了。

命理真言

命格差的人容易作奸犯科

命中有『太陽化忌』和『廉貞化忌』的人，是和男性相處不佳，運氣也不好，有犯官非的問題容易入獄。**命中有『巨門化忌』的人，一生喜和是非人物、事物糾纏**。頭腦不清，容易犯官事入獄。**命中有天機化忌的人，容易自做聰明、騙人、犯官事入獄。有『武曲化忌』的人**，容易因為錢財問題犯官事入獄。**命中有『貪狼化忌』的人**，容易有人緣不好，喜和不良的鼠輩交往，或因臨時起意搶劫，做壞事而入獄。**命中**

命理真言

有『太陰化忌』的人，容易因女人或錢財問題而入獄。**命中有『文昌化忌』或『文曲化忌』的人**，容易因詐欺或偽造文書而犯案入獄。

在黑道大哥級的人物中，也有一些命格中財星居旺，運氣居旺，流運又不錯的人，這些條件就是他能登上大哥級享受些財祿的結果。在一清專案時很多大哥級、流氓都送到綠島管訓，你也可在這些人的命盤中看到：不是有『太陽』、『太陰』陷落的運程，就是有『巨門』、『破軍』、『擎羊』、『陀羅』、『天機陷落』的運程，亦可能有『化忌』的運程。總之都是衰運了。

數年前有一個十大槍擊要犯之一，在台北市吳興街租了一間公寓四樓，擁有重型武力，據說警方也是經由通曉命理的人士，找出其『擎羊星』所在的宮位時間，於凌晨一舉攻堅，而將其擊斃的。

命理能掌握生死，也能緝凶，雖為一般衛道之士仍對其口誅筆伐視之為迷信，但它卻默默的成為人民保母的緝凶利器，這可能是很多人始料未及的吧！警察們一向講求科學辦案，但在與匪徒面對面的肉搏戰中，要如何來先發制人，完成任務？這可能也不是上級長官所能確切謀劃的，因此命理的神算就是達成任務最真實、最可靠的朋友了。

『方位』也會決定人之命運

某一年春季，有一群國小生舉行畢業旅行在溪頭的小木屋中住宿，雖只是住一晚，但卻發生電線走火，釀成火災，有兩位小朋友遇難。其中一位是他們班上的班長，長得方頭大耳，十分體面，怎麼也不像短命的小孩。我在電視新聞中看到照片也十分為之唏噓。第二次又見到電視上報新聞時，打出了身分證上的生日日期，**不禁想：**這麼好的一個小孩，是不是犯『火厄』呢？於是就排了一下命盤，果然發現具有

命理真言

『火厄』的格局。

在很多人的命格中，都會具有『火厄』的格局或是『水厄』的格局，遇之有難。但火厄和水厄並不是不可解的。只要在那個時辰中不要接近容易犯災的地方即可。例如有『火厄』的人，在火年、火土年(戊寅年即火土年)、木火年，不要到火旺之地或是足以生火的地方。(如溪頭樹林多，木旺，又在中部)即可避災。有『水厄』的人，不要到屬水的城市、北方、水邊等地，也可避災。**高雄市議員林滴娟小姐在『太陽化忌』之年到中國大陸的北方遭劫殺**，死地正是海城。

由此可見前面那位小弟弟是『怕火需水』命格的。而後面這位林小姐是『忌水需火』的人。這就是命中喜用神必備的吉凶大法了。也是每個人對自己不得不知曉的事情。

在緝凶方面，警方也會利用喜用神的喜忌方，將匪徒追擊趕往其

命理真言

命格的忌方，一舉將之擒獲。

故而可見命理學問對警方很重要，對一般人也很重要。因此堂堂正正做人的人，只要瞭解了人生的吉凶，便可瞭解了運氣的過程起伏，更可以富貴。你說命理學是不是人間至寶呢？

有關火厄、水厄的命理格式，在《吉人天相保平安》中有詳細的說明。欲尋找自己喜用神的朋友，可參考《如何選取喜用神》一書。

如何選取喜用神
賺錢工作大搜查
紫微星曜專論
三分鐘會算命

紫微命理子女教育篇

法雲居士⊙著

《紫微命理子女教育篇》是根據命理的結構來探討小孩接受教化輔導的接受度，以及從命理觀點來談父母與子女間的親子關係的親密度。
通常，和父母長輩關係親密的人，是較能接受教育成功的有為之士。

每個人的性格會影響其命運，因材施教，
也是該人命運的走向，
故而子女教育篇實是由子女的命格預測子女將來的成就。

命理真言

第十章　商人知命富貴大通

『用命理來過日子』，聽起來好是太迷信了，但是你一定也很奇怪，到底是怎麼用命理來過日子呢？

用命理來過日子的意思，其實就是『利用時間』，『掌握時間』的意思。什麼時間值得利用？又有什麼時間值得掌握呢？那當然是『好運』的時間，最值得利用及掌握了。並且要殺掉、躲避壞運的時間，使其不要妨礙自己，造成自己的不順和災禍。

現在的企業家和生意人，進出投資生意金額數字都很大，倘若賠了本，損失了金錢，不但心痛，並且也丟了自己的臉面，表現了自己的無能，甚至會一敗塗地，造成無法收拾的局面。

現代的經營者，競爭激烈，商場如戰場，再加上近年來的經濟風暴，世界性的經濟萎縮，生意愈來愈不好做。尤其是國內、國外工廠、企業一片倒閉聲中，工人、職員紛紛失業，怎不叫這些目前仍在經營企業團體的負責人們日日心驚膽顫呢？雖然害怕得緊縮了再緊縮，但是整個的大環境似乎氣運更向下沈，到底什麼時候才真正是景氣復甦的一天呢？

最早承認自己用命理來過日子的，就是服裝界的溫慶珠小姐了，當然她也因有先見之明，在台幣尚未升值時，把錢兑換了一百萬美金，而後台幣貶值三十幾元，讓她足足賺了數百萬之鉅。你說！精通命理，靠命理過日子還有何不好呢？

命理真言

目前當然還有更多經營事業有聲有色的企業家，正運用命理學問掌握了經營的方向，愈做愈勇，愈勇也愈發。他們所掌握的也就是時間上的特性而已。這些人雖然不願把此事宣揚開來讓人知道，但在與我諮商過的企業界人士就有許多，因此我更能瞭解到命理對他們的幫助。

紫微命理中，最適合生意人或經營者運用、把握的，也是最強的，就是時間性的主題。

在每一個人的命盤中都有大小加起來一百零八顆星曜。有的星太小、沒有什麼力量，因此最主要的正曜、偏曜、化星和雜曜中幾顆桃花星、『地劫』、『天空』、『天刑』、『陰煞』等星，約莫四十顆星，對人一生運氣的預測就已經十分夠用了。

命理真言

選擇吉運時間

第一、要先弄清楚自己紫微命盤是什麼組合？是什麼格局格式？例如是『紫微在子』命盤格式，還是『紫微在丑』命盤格式……等等。先知道命盤格式，坐落於各宮位星曜的旺弱，自然就出現了（這是對已熟悉命理格式的人而言，倘若你仍不熟，必須去查各宮所坐星曜的旺弱，並標上去）。

第二、要弄清楚是什麼樣的事。譬如要與人見面談合作、合約的問題。先要知道對方是男？是女？

若對方是男的，命格中有『太陽化權』就是很好用的時間。倘若沒有『化權』，有『化祿』、『化科』也是吉運。最強的也得要『太陽居旺』才好。若是『太陽居陷』又加『化權』在這個時間中，你可能只是

命理真言

一味的固執，與對方見面談不太攏，最好另找『巨門化祿』的時間為妙。『太陽居旺化權』的時間，是對與男性溝通時最能掌握到主導機會的時間，並且也能讓男性臣服尊敬你的氣魄與氣質。

倘若對方是女性，命格中有『太陰居旺化權』的時間為最吉，其次是『太陰化祿』及『太陰化科』的時間，不過這兩個時間都比較溫和軟弱，倘若在事務上稍有一點針鋒相對的問題，還是以『太陰居旺化權』能掌握住主導力量。尤其是在議價、談價錢時，『太陰居旺化權』的力量，會讓你得到最好的價錢，這是不論去殺價或是去爭取價錢都很管用的時間。

而『太陽化權』只在論及事務時有主導性、權威，因其沒有財的成份，故不適合談錢。

『太陰化祿』也是談錢的好時間。沒有『化祿』，『太陰』單星居

命理真言

旺也行，在財星居旺的時間上去談錢都會有得到極大利益的結果。

『武曲居旺、天府』所坐宮位的時間，談錢都會有得到極大利益的結果。

其他還有『天同化祿』是在溫和、平順之下，而享有財祿的好時間。**『貪狼化祿』是在彼此一見是個有緣人**，並有特殊機運下而享財祿的好時間。『巨門化祿』是在用口才討喜之下而享財祿的好時間，這些時間都很好利用。倘若沒有『化祿』，上述星曜在居旺位時，也都能帶來財運。

此外像『廉貞化祿』、『天機化祿』、『天梁化祿』、『破軍化祿』這些星的時間，在財的方面會少一點，並不十分適合用來殺價、講價或是要求增加價錢。

命理真言

『廉貞化祿』是精神享受與桃花愛戀

『廉貞化祿』屬於精神享受方面的星曜。倘若有人請你去玩耍、喝酒、唱KTV輕鬆一下，或和異性聯誼，『廉貞化祿』的時間就可以用。去參加應酬、增加交際關係也可以用。

『天機化祿』屬於在事情有轉跡有變化時，會得到一點好處。因此當事情很混亂、是非很多、事情成敗不定時，這個時間可以用，以求變中有吉運出現。『天機化祿』在時間上的性質和『天機化權』類似，同樣都是在變中求成功的模式。但是『天機化權』更強，更能掌握事情在變化中有扭轉乾坤的力量。若沒有『化權』、『化祿』，『天機居旺』也有相同的作用，只是加了『祿星』、『權星』更有力量而已。『天機居陷化祿』，則得不到實際利益，是機會較弱的了。

『天梁化祿』，雖有一點財的成份，但多半會帶給人一些困擾，這些困擾是因人緣太好所引起的，只要你不怕麻煩，也是可用，但必須『天梁居旺化祿』才行。同樣的『天梁居旺化權』會比『天梁居旺化祿』更有力，並且更可以得到貴人的助力，同時也具有領導和支配別人的力量。

破軍、巨門帶權祿都會與是非爭執有關

『破軍化祿』在談錢、殺價上是不算吉運的。『破軍』是耗星，不論旺弱都會有破耗。也會造成在談價錢方面對自己不利，根本談不到好價錢。

『破軍化祿』的時間適合做推銷的工作。『破軍居旺化權』用在推銷產品、推銷自己方面會比『破軍居旺化祿』更形有利。**『破軍居旺化**

權』和『巨門居旺化權』也都適合用在選舉時推銷自己的重要時間上。

倘若你要和人吵架爭論就用『巨門化權』的日子和時間，『巨門化祿』的時間比較軟弱，如果你想善了，和對方說說好話，就可以用。要想向對方道歉，也可以用『巨門化祿』的時間來做，會有很好的收穫。

『破軍化權』、『破軍化祿』雖然利於推銷開拓市場，但是最後你會發現在那個時間爭取到的生意，因為你急於達成業績，可能答應了別人很多條件，最後算算沒什麼賺頭，這就是『破軍』有消耗、破財的因素所致了。談生意、拉保險、開拓商機用『巨門化權』、『巨門化祿』也最適合了。只要多費一點口舌沒有不成功的。

『權、祿、科』會依跟隨的主星而產生不同運勢

在所有跟隨『權星』和『祿星』的星曜中幾乎都是動星，必須操

命理真言

勞不停或或奔波不停才有財祿，得到好運。其中只有『天同居旺化祿』、『天同居旺化權』、『太陰居旺化祿』、『太陰居旺化權』、『紫微化權』等等是比較靜態的星曜，也就是可以坐下來等待機會，不需要自己去奔波、跑去爭取生意。也就是別人會到你這邊來，讓你掌握主控權、掌握到財運。

不過『太陰化祿』及『太陰化權』，仍有內心在活動、操勞的動態，這是和其他必須身體動起來才會運好進財是有很大的不同點的。

其他如吉星、財星、運星居旺的，雖沒有『化權』、『化祿』、『化科』等星，也是具有與人協商的好日子及好時辰。其結果當然是比有『化權』、有『化祿』跟隨主星的時間略微稍差一點。

此處沒有談到跟隨『化科』的主星運勢。主要是『化科』在人的流年、流月、流時的運程中，只會增加人的氣質，與文書上辦事的能力

命理真言

比較弱。

不過倘若你要去謀職、相親，給人好印象，就要選有『化科』的日子、時間去，那個時間你一定不會講粗話，也裝得有模有樣、文質彬彬、氣質高雅，讓人一見就喜歡。那個時間你也會頭腦聰敏、乖巧、精明能幹，是一個不錯的時間。

現在應該來談談壞時間了。只知道好時間，而不知道壞時間，如何能躲災解難呢？況且有時候，某些流運中有吉星，也同時夾雜著一、兩顆凶星，或者是本身擁有一顆凶星，對宮又有凶星相照的狀況，如此的時間，到底還算不算是好時間？

命理真言

壞時間不可用

1『主星居陷』的時間

在命盤各宮位中，如『天梁』、『太陽』等主星落陷等等。『天梁落陷』，沒有貴人，且常會遭長官的訓斥、沒有面子，與人沒有人緣。『太陽陷落』，沒有競爭力，與人接洽事物時，沒法子清楚表達自己的意見，而且運氣欠佳，對方會咄咄逼人，讓自己處於劣勢。

『巨門陷落』時，引起是非口舌，混亂至極，有理說不清。

『貪狼陷落』時，沒有人緣，外表令人討厭、言語可憎，第一印象就很差，無法與人開始交易接洽、運氣很壞。

『廉貞居平陷』時，人緣也並不好，再加智慧平庸，無法有好的

命理真言

企劃與決定，與人交往和接洽事物，對方的氣勢較強，也容易被人佔上風或喝斥。

『破軍居平陷』時，破耗很多，是自己損失慘重的時間。若要與人接洽生意或道歉和談，都不可能成功。與人和談用此時間，必定要賠償大筆金錢和答應很多不合理的條件。

『天機居平陷』時，事務有愈變愈壞的跡象，並有有災禍即將發生。倘若在此時去交涉、商談，無異去觸動災神，讓祂儘速發生。這豈是常人之福？天機是『動和變』的機會主義，居旺時愈變愈有向上、趨吉的成份。而『天機居平、居陷』時，則愈變愈有向下、趨凶的成份。這就祂的特性。

命理真言

2 『財星居陷』的時間

財星居陷時，當然去談生意都不吉。並且也沒有人緣、機會，別人可能根本都不和你談。**譬如說『太陰居陷』的時間**，就是一種自身無財、運蹇、保守，無法清楚的表達自己心中的意念。一出口就出錯，而且會被人欺負、詐騙。已經沒有財了還要更耗財，或有其他的災禍使之耗財。

『武曲財星』居平陷之位時，一種是和『七殺』在一起的雙星模式，如『武殺』同宮，一種是和『破軍』在一起的武破同宮。

『武殺』同宮時，『武曲』財星居平、『七殺』居旺。表示出了很多力氣，很勞碌、拼命的做事，但賺不到什麼錢，所得的財很少。因此在流年、流月、流日、流時經過『武殺』的宮位時間內時，是沒有利益可得的時間。忙得氣喘如牛，卻沒有好結果。

命理真言

『武破同宮』時，兩星都居平陷之位。沒有錢的窮財星再加上耗費很大的耗星，當然情況更差。此時間不吉。

『天府』財庫星最低的程度也在得地剛合格之位。『天府』是不會陷落的。本來嘛！看守財庫的人，只能看其所看守的財庫是大是小？又如何會窮呢？因此『天府星』所在宮位的時間都算是吉時。

3 『福星居陷』的時間

福星居旺的時間，自然都是吉時。福星居平、居陷的時間也不算太壞，甚至有時候也可當做吉時來用。例如『天同』居平在卯、酉宮，以及『天相』居卯、酉宮的時候即是。

但是『天同』和『巨門』在丑、未宮時，『天同居陷』不能為福，再加上『巨門星落陷』，製造的是非混亂實在太大，『天同』無法承受或幫忙改善。因此，『同巨』在丑、未宮的時間，仍是極差的，既無法辦好事情，還會惹是非纏身、更增災禍。

『天相』居卯酉宮的時間，不適合談生意和相親。因為外在的環境是『廉破』（遷移宮）。容易遇到使其破財的人，和相貌不佳、品行不佳的人。因此在做生意和相親都是不利的。

4 『化忌』入宮的時間

『化忌星』的時間，都是不吉的時間。『化忌』是多咎之星，專門製造是非災禍。因此，財運、官運、旺運都會避而不見，見到的是霉運、厄運。

『太陽化忌』的時間，所受到的災禍是由男性、陽性的人物所造成的。與男子有是非麻煩，並且不睦。也容易有火災、燙傷、

命理真言

發燒、發炎等狀況。此時間不吉，更無法進財和與人商談、交好。

『太陰化忌』的時間，所遭受的災禍是由女人所引起的。並且會有是非相糾纏困擾。也很容易有水厄（溺斃）、水災，屬於女性的疾病、內分泌病變的產生。當然也不利於錢財的進出，在錢財上有是非產生。因此『太陰』不論是旺是弱都不吉。此時間根本不能用。

『廉貞化忌』的時間，問題出在人緣上、智慧思考、有官非等問題上。壞的桃花運(爛桃花)會找上你。而這個時間內的人，思想歪邪扭曲、常把邪惡不好的事情用另一種解釋合理化。又喜歡投機取巧、積非成是、往往都是偷雞不著蝕把米的結果。

命理真言

『巨門化忌』的時間，是一個頻頻以言語遭災的時刻。人在這個時間內，會有頭腦不清、貪便宜、偷機取巧、專走後門、為非做歹還振振有詞。引起一大堆是非扯不清楚。最後要花很多時間來平復這時所引起的重大問題。

『天機化忌』的時間，是一個喜歡以變化搞怪來改變事實的時間。但是怎麼做，都是自己輸，終究一敗塗地。

『文曲化忌』的時間，是一個以口才、表現招惹是非災禍的時間。頭腦不清、言語令人討厭、處處沒有人緣、錢財上也有是非困擾。

『文昌化忌』的時間，是一個不夠精明的時間。在文書、契約、文字上錯誤頻頻。頭腦不精、計算錯誤，對事情的估計也錯誤連連，使自己遭受很大的損失。

命理真言

『武曲化忌』的時間，最重要的是在錢財上引起是非麻煩，錢財也不順利，當然更別想用此時間去接洽生意、談合約問題，或者是開發客戶了。另外武曲星也具有權力的特性，有武曲化忌在命格中的人，尤其是武曲化忌的時間內，權力是受損的。政治人物、公司負責人、主管都盡量別用此時去表現你的權力、地位，否則得不償失，一定會敗下陣來，而且敗得很慘。

『貪狼化忌』的時間，在人緣與運氣上是極為不佳的。不管貪狼在旺位、陷位都是一樣，只要有『化忌』跟隨，便都以災禍論。在這個時間內，人緣差，惹人討厭，是非多。人的速度快，又常出錯，動則得咎，因此不可用。

命理真言

5『凶煞星』同宮的時間

『擎羊』、『陀羅』、『火星』、『鈴星』四星不論是單星在宮位中的時間，亦或是與其他『吉星』、『福星』、『財星』、『運星』同宮的時間，嚴格說來都是不吉。但是『羊、陀』比較嚴重，『火、鈴』次之，會減輕『吉星』、『福星』、『財星』、『運星』的吉度。

擎羊星

『擎羊星』不論是單守或與其他星在宮位中同宮，都有凶性，會製造凶險，血光、災禍、是非糾葛等問題，使人受傷，使錢財進不來。譬如說『武曲、天府、擎羊』同宮的時間，『武曲』財星和『天府』庫星被一個披著羊皮的豺狼給看守了起來，財富當然受到傷害，錢還進得來嗎？因此有『擎羊星』所在的宮位必產生破耗，並且有受傷、受刀傷（開刀）、鐵傷（車禍及鐵器所傷）的危險。

命理真言

陀羅星

『陀羅星』不論是單守或與其他吉星在宮位中，也都有凶性。『陀羅』是一個頭腦不清、有些愚笨，但孔武有力、蠻不講理、獸性大發的矮陀陀流氓。因為頭腦不清楚，常會受人煽動而為非做歹。

當他和『紫微星』同宮時，對帝王多少還有敬畏之心，於是會猶豫不決要不要作亂犯上，此時便是拖拖拉拉的狀況，並且顯露出愚笨的特質。這個時間，並不算太壞，但有拖延不決的跡象。處理事物的方式有點笨拙，但還可以圓滿解決，因此還可以用。

命理真言

『天府』與『陀羅』同宮時，因『天府』是財庫星，又是看守財庫之人，他的威嚴沒有『紫微』君臨天下的氣派，因此『天府』就無法制服『陀羅』，而被『陀羅』劫殺了，或者因為『天府』的本性溫和而被『陀羅』同化了，一同趨於奸險不吉。此時間就不能算好時間了。『陀羅』的凶性就會顯現出來。

『陀羅』和『武曲』、『太陰』同宮時，當然『陀羅』更不怕他們，就是要劫他們的財，凶性大發，劫財一空。因此這些時間都不好了。

總之，『陀羅星』遇『紫微』時，還顯不出大壞的特質，遇其他的星，則拖延、鈍智、劫財、血光、災禍立見。尤其和『七殺』、『破軍』等有數個煞星一起同宮，作亂就很厲害了。

命理真言

火星

『火星』在時間上所代表的意義是衝動、速度快、脾氣火爆，不用大腦、不加思考的。倘若你要利用『火星』所在宮位的時間，則要注意自己脾氣的急燥火爆，若能壓制這一點，也未嘗不可用。但是『火星』和其他殺星、破星，以及『劫、空、化忌』等星同宮時，這個時間就大大不吉，一點也不可用了。不是萬事成空，就是因而遭災。

另外在『火星』所在的宮位，不論是同宮、對宮有『太陽』、『廉貞』、『紅鸞』等星，都會有火災發生的機率。若有上述這些星曜，又再有『擎羊星』同宮或在對宮處，遭到火傷或因火災而喪生的狀況很可能會發生。所以在選這個時間與人談事情時是不妙的，還必須時時眼觀四方，耳聽八方，以防有火災發生，可迅速逃離。

命理真言

鈴星

『鈴星』在時間上所表的意義也是不吉的。這個時間是屬於脾氣壞、有怪異想法、有些奸詐，也並不想把事業做成。因此在有『鈴星』的宮位時間裡與人洽商是沒有結果，還會弄得不愉快的。

『鈴星』所在的宮位，不論是有『太陽』、『廉貞』、『紅鸞』等星同宮或在對宮相照，都和『火星』的狀況一樣，會遇到火災、燙傷等災禍，並且情況很嚴重，會常發炎，一直很難好。

6 『天空』、『地劫』同宮的時間

在任何一個宮位所代表的時間裡有『地劫』、『天空』之中的任何一個星，都是不吉的，也不可用。有『天空星』是萬事成空如泡影一

般。有『地劫星』，常會形成事情原先都很順利，最後卻莫名其妙的失敗了。這就是運氣遭劫了。有時也會中途出現程咬金，把原先已經談得接近成功的事情給劫去。因此有『地劫』、『天空』的時間，是一向不可用的。

半好半壞的時間

從時間的角度上來看，某些星曜組合是屬於一半好、一半壞的狀況，也有是對某種情況有利，而對另一種情況不利的，例如：

七殺

在『七殺』所處的宮位時內，自己的性格會變得很衝動的想去做事，並且手腳勤快，非常操勞，很想去賺錢。

命理真言

武曲、七殺

在『**武曲、七殺**』**同宮的時間內**，是操勞也賺不到很多錢的，此時的工作只是對未來的一種投資罷了。因此你在選用這個時間時，必須心裡有準備，不要抱太大的希望得到很多的錢財。

廉貞、七殺

在『**廉貞、七殺**』**的時間內**，你是苦幹、實幹的典型，結果也必須等待，不會立竿見影，因此不算很吉的時間。

紫微、七殺

在『**紫微、七殺**』**的時間內**，你很氣派、莊嚴的在努力，凡事都還很順利，此時間是比較吉的時間。在與人洽商時，你很嚴肅，而且說話很直接，會讓人有深刻印象，事情也很容易成功。

廉貞、天相

『廉貞、天相』的時間內，是保守、固執、思慮不夠周詳，但會以勤勞肯幹的意念去做事，而安全度過。這是一個不好也不壞的時間，但對宮有『破軍』（遷移宮）外界的情況混亂。交涉商談的對方可能是個不好惹的人，因此對於交涉、商談、訓斥部屬、交朋友，都不算是好時間。

廉貞、天府

『廉貞、天府』的時間內，一般人一看到有『天府』就會把它列入好時間，也大致算是。但是因『廉貞居平』，代表智慧與企劃經營能力不強，因此從事智慧型的工作都不行。『廉府』雖然代表交際應酬的時間，可是這種交際應酬多少帶點與他人交換利益，或利用好處去交換友情的交際，適合政治或生意型的朋友關係。比起『貪狼』天生有得人喜愛的交際手法是不同的。另外『廉府』這一組星曜有視利驕傲、目空一切、重利輕義的內涵，因此只有在談生意時是好用的時間，談合約就未必真正得利，因『廉貞居平』的結果。再加上此時交的朋友多是以利益掛勾而相交，因此我並不認為它屬於真正好的時間。

紫微、破軍

『紫微、破軍』的時間。一般看到有『紫微星』就一定算是好時間，但我認為它是一半好、一半壞的時間。『紫破』的時間利於開拓商機，打開新的關係都是非常強的運勢。但是在這個運勢中也隱藏著稍許的危機。像『破軍』是破耗之星，本性難改，又容易懷疑別人，而『紫微星』也同樣具有疑惑、耳根子軟的毛病。這兩星碰在一起，開拓的能力雖很強，但總是猶豫不決。在經過左思右想之後仍然做出有破財之虞的決定。因此『紫破』的時間不適合簽合約或做決定性的考慮。『紫破』的時間也不適合交朋友，容易交到外表是地位高、體面而內心卻不實在的朋友。也容易交些表面上很親切的酒肉朋友。

天機、天梁

『天機、天梁』的時間。因此二星不主財，因此在這個時間內談生意、簽合約，都是廢話一籮筐，不太會有結果的。就算有結果，也沒有錢利可言。『機梁』同宮時『天機居平、天梁居廟』。表示在這個時間內，智慧與知識不足。只是靠人緣或巧遇貴人的型態來碰好運氣。碰得到就有好運，碰不到就算了。在這個時間內，若是與比你年紀大的人談生意、談合約，是有希望可成功的，不過你要謙虛一點，並且不能馬上談錢的問題，要以後再談錢的問題，才可能會成功。因此這個時間，用來聊天增進友誼、增進關係是不錯的。

天機、巨門

『天機、巨門』的時間。因『天機、巨門』也不主財，因此在這個時間內若洽商、談合約，只適合做一些解釋之類的工作，因『機巨』二星都居旺位，因此後續的結果非常好，事情可成功。在『機巨』的時間內適合讀書、做研究報告，也利於口才敘述，而使事情往好的方向變化發展。因此你利用『機巨』這個時間時，不能急，要一步一步的步向成功，才賺得到錢。否則當場逼著人家給錢，則會適得其反。

天機、太陰

『天機、太陰』的時間。『天機、太陰』在寅宮時，因『太陰』財星居旺，是有財可進的時間。但是『天機』只在得地剛合格之位，因此變化也很大。你必須當機立斷，馬上請對方決定或付定金不可，不過機陰在寅的時間仍是吉時，後續發展也不錯。

『機陰』在申宮時，『太陰』居平。這就是不吉的時間了。談財的問題多變化、且愈變愈壞。也可能原先決定的事會被取消，因此最好別用。

命理真言

太陽、太陰

『太陽、太陰』同宮的時間，『日月』在丑宮時，是賺錢的好時間，尤其和女性談生意，私下秘密的談，便萬事ＯＫ。此時間只利於財，而不利於做其他的事情，也只有和女性交往有利。**『日月』在未宮的時間**，是運氣還不錯，但不適合談錢的時間。而且只有和男性談公事較順利，與女性洽談則不利。這是須要分清楚的。

天同、天梁

『天同、天梁』的時間。『天同、天梁』居寅宮的時間，是適合與人交往，用熱心服務的態度會得到別人的好感，但並不一定馬上賺到錢。只是機會多，也許會遇到貴人對你伸出援手幫忙你，而有了其他的財運。**『同梁』在申宮時**，你此時比較愛享福、有些懶，只想別人給你好處，自己坐享其成。但是此時的『天梁』居陷，因此事情很難成功。別人只覺得你很溫和、是個好人，但並不想幫助你，也不想和你簽合約、或與你做生意。

武曲、貪狼

『武曲、貪狼』的時間。『武貪』二星不論在丑宮或在未宮都是居廟旺之位的。所以這個時間對於金錢和運氣都非常好，你會有意外的財運出現，並且賺得不少。**只要此二星沒有和『羊、陀、化忌』同宮**，都是最佳財運的時間。這個時間所交的朋友，也會再帶其他的好運給你，使你賺錢發財。因此算是一個好時間。但是這個時間交到的朋友，大致上只會帶給你一次的好運，過了這個時間以後，便不一定和你往來親密了。

有關好時間的年份、月份、時辰，在我的另幾本書中，如《如何掌握旺運過一生》、《紫微賺錢術》、《好運隨你飆》中，都有詳細的敘述與算法，讀者可以參考一下。

瞭解命理、善用命理，就是善於把握自己命局中的吉祥時間，躲避並排除不好的時間，要賺錢、要把事情做成功，就要選財星居旺、運星居旺的時間去做，其他不算好的時間，我們可以拿來做事務上的瑣碎之事，或者是看書、聽音樂等輕鬆的、修身養性之事。選吉時去衝刺打拼、選不好的時間靜伏，靜坐反省，則世上的吉與凶都盡在你的掌握之中，那有不好運的呢？因此不論是企業家也好，一般人也罷，只要掌握了這個時間的法則，肯定會步向人生最高的境界坦途的。

命理真言

第十一章　用命理解決婚姻問題

在我為人算命的主題中，自己比較有興趣談論的是有關於事業上的問題。財富也與事業的高低有連帶關係，因此也在一併討論之列。至於感情問題、婚姻問題，因為清官難斷家務事，感情的事理不斷、理還亂，我只能站在朋友的立場，給與當事者有利於他個人的建議，讓其人自己去思考做決定，而不會主動為其做成決議。

通常人都有受制於主觀立場的現象。尤其在感情、婚姻上產生問題的時候，主觀的思想、性格尤其表現得強烈。這個狀況也往往影響到

命理真言

人冷靜的思考方式，也常常會做一些錯誤的決定。況且，人也因為太主觀而對自己護短，對另一方尖苛。算命師是一個冷眼旁觀的第三者，很容易觀察出當事人屬於偏執的激動。一個好的、正派的算命師所應該做的，就是要平復當事人的激動情緒，使其冷靜下來，好好的面對問題，做一些取捨的抉擇。

所謂取捨的抉擇，當然就是對是非的判斷以及對自身運程的利益判斷了。當下的社會裡婚外情十分普遍，這也是引起家庭糾紛與社會混亂的主因之一。對於個人來講，亦是挑起是非困厄，影響個人運程的重大問題。

我在論命的過程裡，常遇到某些人會問：『我有雙妻命嗎？』或是『我有多夫命嗎？』甚至有人自詡有娼妓命、桃花命的。前些時候在報章雜誌上也看到誹聞案的名女人何麗玲女士也自稱有娼妓命而嘆而觀止。

為什麼有這麼多的男人、女人都自甘墮落的以認命為藉口的來自憐自艾呢？我只能說是時代不同了，大概他們想為這些賤格做一番新解吧！

自古以來，娼妓是等而下之的賤命，男人則以貧賤凶殘為下格，古今中外都是一樣，並不會因時代的不同而有改變的。

在命理學上，桃花運也不為吉運，桃花星多屬水，有水性楊花之慽。命格中桃花星多的人（有兩個以上），即會意志不堅定，或完全得到別人的信任是比較困難的事。而且桃花屬水也容易帶煞，逢到流年不吉也容易遇煞，不是傷害自己的身體（遭強暴），就是傷害自己的性命。要不然就是有是非凶險纏繞，毀壞名節。很多誹聞案讓人一蹶不振、丟官、犯官司就是這樣發生的。鮮少人會因為有了桃花運的勾當而發財的。除非做色情行業的人，縱使得到了這種財，也只是一時之樂，並不會長久。

人生在世，貴在自重。也就是自己要重視自己。不但要重視自己的身體，也要重視自己的名譽、人格。一些人以自己卑劣的性格，齷齪的思想，再以攪亂人世間的大是大非做手段，並且以前世今生做為認命的藉口，混亂無知民眾的思考方向，來為自己低賤的行為做潤飾，瞞得過別人，瞞得過明眼人和他自己嗎？他自己當然特別清楚自己是個什麼東西的啊！這也就是為什麼在社會的金字塔中，塔底永遠沈淪著如螻蟻般偷生的人們，因為這些人的人數多嘛！而塔頂永遠是知道自重潔身自愛，也具有上進心、不斷會鞭策自己、不停的自我反省、看清楚是非黑白的人。

這也就是為什麼有些人命好、運好！為什麼有些人長期的運不

命理真言

好、命不好了。

前些時候，因為廢娼問題，而產生社會亂象。某些團體維護公娼而遊行示威，還在街頭演出舞台劇來嘲笑政府官員。真是愚不可及的事情啊！人必自侮而後人侮之！通常命格為賤格的人，都是命宮中具有『羊、陀、火、鈴、殺、破』等星的人，看來是一點也不假的了。

是故，要來問自己是否有雙妻命、多夫命、桃花命、娼妓命的人，基本上都是頭腦不清，沒有道德觀念，不知自愛的人，也是喜歡與是非困厄相伴，命如螻蟻的人。這種人要論什麼命？還有什麼命可談呢？

※※※

另一種婚姻問題，就是夫妻單方面離婚的問題，下面就是這樣的例子。

命理真言

去年有一位女士來找我論命。起先她是來問財運的。首先她聲明自己從來沒算過命，也不太相信算命的事。但是目前心中有些狐疑，於是來算算看。

這位女士是『天府、陀羅』坐命的人，財帛宮是『空宮』，身宮也在財帛宮，可見這位女士是非常愛錢、喜歡算計，也有點視財如命的人了。

『天府』是財庫星，財庫星坐命宮的人，照裡應有一定的財富。但是『天府星』單星坐命的性質卻不像『紫府坐命』（紫微、天府）、『武府坐命』（武曲、天府）或是『廉府坐命』（廉貞、天府）的人，財帛宮有那麼好。『天府』單星坐命，無論是坐命丑、未宮或巳、亥宮，亦或是卯、酉宮的人，**財帛宮都是『空宮』**，『空宮』屬弱運性質，若再加上福德宮相照的星不吉的話，更是富貴如過眼雲煙，不可能有什

命理真言

麼大發展了。此人的身宮又在財帛宮，這是極端重視錢財，視財如命，但並不是有那麼多的福氣享到財運。

但是這位女士卻大不以為然，她覺得自己是做建築業蓋房子生意的，手邊進出的錢財有上億那麼多，雖然有時也要軋頭寸，但並不屬於沒有錢的人之流。

在討論了一陣子她的財運與事業的問題之後，她突然問我：『你看我會不會離婚？』

這位女士的夫妻宮是『武曲化權、破軍』在巳宮。這樣的婚姻關係當然是不算好的。其配偶是一個喜歡表現有主控力的人，做事很積極愛衝，但是財運卻不好。這一對夫妻在性格上最大的不同，就是價值觀的相異。

果然，在這位女士訴說丈夫的缺點中，最重要的就是對錢財的處

命理真言

理方法。

這位女士自幼生長在子女眾多的家庭之中，生活的拮据讓她痛恨。專科畢業即出社會自食其力了。因為學的是建築，在別的公司工作了一段時間便自已出來開工作室。在此時認識了已有建築師執照在大公司工作的先生，夫妻倆倒也生活愉快。但好景不常，大公司倒閉關了門。先生便順理成章的在太太的小公司中當了老闆。夫妻倆胼手胝足，事業愈做愈好，從只是繪設計圖到尋找建地蓋房子，也十分賺錢。可是夫妻倆因工作上的磨擦也愈來愈大。最後兩個人各管一間公司。各自為政。

兩間公司也各有命運。太太因精於財務，控制得當，頗有營餘。先生管的公司則因賬務不清，常被先生挪於他用，最後又流落關門結束的命運。先生最後又回到太太這邊的公司來做現成的老闆了。

命理真言

這位女士說：『他也不是不好，既沒有外遇緋聞，也不會飲酒賭博。但是每天沒有衝勁做事，凡事都馬馬虎虎。連選建材也不用心，也不講價錢，隨隨便便，什麼都好，還怪我說，凡事太計較，嚕嚕囌囌，什麼事都要管。我真怕有一天這最後的一家公司也要被他敗光了！』

夫妻間難道不能溝通嗎？『當然有！但每次都被他氣凶凶的喝斥了！』他說：『你是老闆？還是我是老闆？你喜歡做主，就不用我去了嘛！』目前夫妻的狀況是已無話可說了。

『我們也曾多次談到離婚的問題，我想與他把錢財劃分清楚。離婚後，因為小孩的關係，我們仍可住在一起，以後我可以每個月給他薪水和生活費，可是他不肯，在他認為結婚是一輩子的事，是決不可能離婚的！』

從這個故事中，我們雖然沒聽見先生開口講話，卻也清楚的瞭解

命理真言

到他的處境。擁有一位能幹的太太，善理財務，錙銖必較。自己並不是沒有能力的人，但經過多次的失敗，再加上太太對錢財的極度關心，精神上的壓力，使他意興闌珊，欲振乏力。想做事也不是，不想做事更不是，不知如何自處？

這位女士是『天府、陀羅』坐命的人，對錢財是很有能力管理，但命宮中有『陀羅星』，對其他的事情便不見得能顧慮周詳了。

譬如說這位女士一心想離婚以保有錢財。但是她是否曾想過：當初認識先生時，喜歡他的是什麼？為什麼會選擇他嫁給他？就是喜歡他的海派作風、凡事不計較，有時又有些霸道的大男人風範。誰知道多年相處之後，這些優點卻又全變成缺點了呢？

再則，這位女士想獨自保有公司，但是有沒有想過？為什麼目前她調頭寸這麼得心應手，處處逢源？倘若她和先生分開了，別人看待這個公司、這個家庭，甚至是這個獨立經營公司的女人的信用，還會有那麼大的信賴感嗎？這個後遺症恐怕是最難以預估的了。另外，為了公司經營權而開除老公所造成的名譽損失，又要如何來彌補呢？

我在很多本書中都再三的提到：自己命盤夫妻宮的星曜，其實就是自己內心思想情感的延續。不論你再結幾次婚，你都會選擇到有相同性格的人，也可能只是面貌略有不同而已，甚至連身材、穿著、習慣都是相類似的。因此，離婚、再婚是不能解決問題的，除非不再婚了。

夫妻間因工作而產生磨擦不和的人很多，都是因小事的累積和價值觀不同而起勃谿。這位女士是這麼的會精打細算，撇開感情問題不談，為了錢財，也是合比分好。倘若她可以用紙張列下先生在工作上的優點，譬如有建築師執照啦！長相氣派又善於應對啦！可以幫助參加應酬啦！說話權威可以服眾啦！在工作上可以做為商量的對象之類。把自己與先生的工作範圍細細分類分工，自己掌管錢財的部份，相扶相成，化阻力為助力，放棄長時間的冷戰，以柔克鋼，夫妻協力，其力克金。

命理真言

家庭祥和，人的運氣才會好，錢財沒有不源源而來的。

倘若每日都在思考要不要離婚的事，每日都心裡煩憂，一家人都運氣不好，錢財又哪裡會入門呢？屋漏偏逢連夜雨的日子就很難過囉！

有一位日本的婚姻專家說過：『人要到六、七十歲才知道夫妻相守的好！』倘若不能相守到六、七十歲，又如何去知道是什麼樣的好呢？

因此我對這位沒犯什麼錯，又犯了很大的錯的先生，是心生同情的。也對這位女士選擇了一位價值觀不相同的夫婿也心生同情。但是我覺得與其花時間去說離婚，並且會擁有不知結果如何，賺不賺得到錢的明天，倒不如把時間花在經營彼此感情，化敵為己用。既助長了公司的發展，助長了錢財，又為子女創造了和樂家庭。因此我認為建設是比破壞好的。

命理真言

第十二章　財富大小決定富貴多寡

在亥年的時候，有一位朋友來拜訪我，極其神秘的對我說：『現在我在一位很有勢力的名人身旁做事。但是怎麼小心、怎麼做，都無法擠到核心的地位去。現在我給你二十萬，你馬上給我改運！以後更有你的好處！』

我看過他的命盤之後，發現他是命坐『太陽』居亥宮，流年又正在走『太陽陷落』的運程。這是一個在男人社會中沒有競爭力的運程，也是一個只能在幕後，無法表現自己的運程和命格。倘若硬要表現，也得不到欣賞，反而會愈弄愈糟，使人更討厭。

我一向從不為人改運，也沒有這個能耐。我在很多書中都談到運氣有起伏，升降的特性，每日有每日的升降運氣，早、中、晚都不一樣。每月有每月的運氣，上旬、中旬、下旬都不一樣，而每年有每年的運氣，春、夏、秋、冬各季節都不一樣，另外還有大運（每十年一個大運）的運氣。每個小時也有每十分鐘變化一次的小運氣。

人在遇到弱運時，有時行到下一個月，或下一年便會遇到好運了。最遲三個月或三年便會由於運氣自然的運行替換而改運。這就是為什麼算命師都會告訴你改運後三個月有效的原因。也因此我認為你自己就可改運了，何必依靠別人呢？

某些算命師為人改運，是利用宗教中道教的法術來為人改運。在我認為就算是改運成功了，運氣變好了，這也只是巧合罷了。這多半是

命理真言

你自己的運氣已運行到旺運階段而已，並不見得真是法師的功勞。不然你可以自己打開命盤，算算你在改運時的流年、流月，是否是隔了二、三個月就是好運期，便立見分曉。

每個人的富貴是有一定份量的，這在人出生時便已注定了。人一生的運途起起落落，佔了人命中富貴的百分之五十的成份。另外百分之五十中，包含了人的性格的趨向，人的智慧高低，和人的努力奮發的能力。這也就是要有命和有運，人生才會高，才會有富貴的道理，凡事強求不得。

算命師是『解讀者』

我時常在書中提醒讀者，算命師只是一個『解讀者』，解讀人的命理和命盤中呈現的問題和答案。算命師不是神，也不是仙，沒法子去創

命理真言

造一個新的命給你。真正會創造人命的，是每個子女的父母。

每個父母在創造人出生的時候，創造的好，又克盡己任的對子女教育、養育都負到責任的，便老來生活愉快，怡養天年。創造失敗的，又不負責任盡心教養子女的，便老來孤苦貧賤，且因子受累。因此，創造者的責任是非常神聖的。

某些命理師常想代替創造者，做出改命、改運、改八字的事情。倘若命真的能改、運真的能改。那這世上應有年齡上億歲、上千歲的人瑞了。因為長生不老也是人最想改的命和運了。

每個人應該知命、順命。孔子四十而不惑，五十而知天命。現代的人類因生物演進的結果，以及科技時間的快速發展，應該更早到達知命之年。並且順應命勢運程的起伏，人生才會快樂。

這位命宮是『太陽星』卻坐於亥宮，用宇宙中星曜的解釋，便是

命理真言

地球在圍繞太陽公轉時，『太陽』正處於地球的正背面，因此此時正是一片黑暗，沒有絲毫光芒的情況。這在人生中又代表了什麼意義呢？也就是說這個人在出生時即註定了一生性格內向，不善言詞，性格有些悶，沒法子表達自己、表現自己，喜歡躲在人的後面。也因為這個狀況，因此做幕僚工作比較合適。並且他需要長時間的付出，才可得到長官的信任，這個長時間，的確很長，十年、二十年，甚至一輩子。並且不可爭，不可鬥，一切隨緣，倘若心急想登上高位，必會即早三振出局，再也找不到好長官及主子跟隨了。

前一陣子，有一齣大陸電視劇『雍正王朝』很風靡，其中雍正皇帝在潛邸所用之鄔師爺，幫助他登上帝位。**這位鄔師爺便是典型的『太陽陷落』的人**，而且必坐命於亥宮。為什麼我能如此斷定呢？因為『太陽坐命』亥宮的人，一生總有落入谷底的運程，甚至會入監獄坐牢。這位鄔師爺本來在康熙朝時犯案為囚，為雍正所救，延入府邸，因足智多謀，屢建奇功，才得到重用。

因此這位『太陽』坐命宮的朋友，勢必也非走這一條路途不可，並且要知道功成身退的時間，否則急功好利，費時勞力，最後仍是一事無成。**『太陽坐命』亥宮的人**，是『紫微在寅』命理格式的人，也會有暴發運。可惜這位朋友是辛年出生的人，辛年羊刃在戌，與『武曲』同宮，因此最多在辰年會暴發好運機會，官運能向上攀升。但錢財的暴發上則不理想。**『武曲財星』與『擎羊星』同宮，財星受損**，有時像是無財，破耗太多。是故『太陽坐命』亥宮的人，只能默默的做事，以勤勞、忠誠、任勞任怨，才能得到長官的看重與信賴，急是急不得的！若再用些非法的手段去強出頭，出了事，也不會有人同情你，幫你說話，豈不是正應了命程中有一段黑暗的日子，牢裡蹲了？

第十三章　奸謀頻設、紫微愧遇破軍

最近我在逛書店時，去翻了一翻坊間所出版的紫微命理書。想瞭解一下目前台灣蓬勃發展的命理書的狀況。

非常有意思！突然看到一本與我自己所寫的書，書名相同的書，書名是《實用紫微斗數精華篇》，於是拿起來翻看，第一個映入眼簾的，**有這麼一句話：**

奸謀頻設，紫微愧遇破軍，淫奔大行，紅鸞羞逢貪命。

然後作者大肆的作了文章，並且做了如下的幾個命盤樣來解釋紫

命理真言

微愧遇破軍。

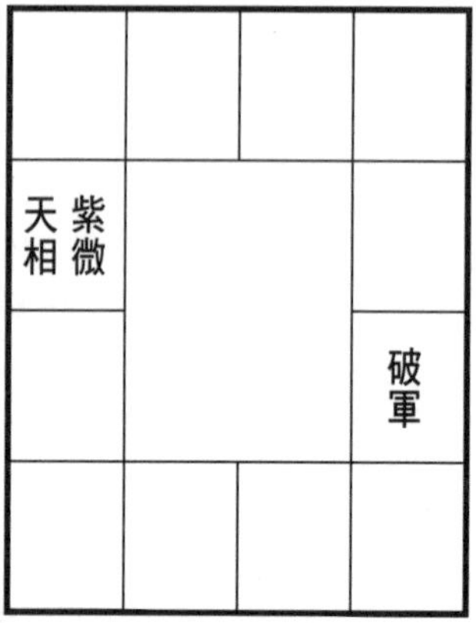

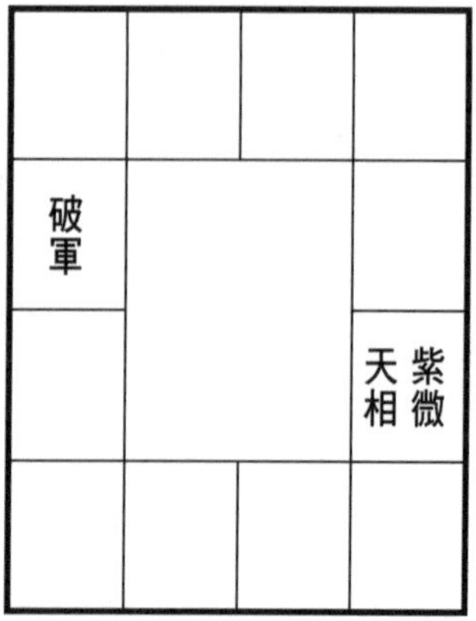

作者並且說明在命格中『破軍』遇到『紫微』的人，是多麼的陰險、奸謀頻設了。

看到這麼樣的一本書，真想大笑起來，真佩服這位作者瞎掰的能力，也佩服這位作者讀書的能力，斷句都斷不行，也能寫書騙稿費。看

命理真言

到這本書也很想哭，因為它和我的書同名，可憐呀！我的《實用紫微斗數精華篇》呀！有誰曉得是不是奸謀頻設，『紫微』愧遇『破軍』呢？

上面所談之『奸謀頻設……紅鸞羞逢貪命。』這段文字出於『紫微斗數全書』中。

『紫微斗數全書』是目前學習紫微斗數的基本教科書。而『奸謀頻設……』這段文字在『紫微斗數全書』中所刊『斗數發微論』這篇文章中。全文文字如下：

（此篇文字的標點符號經我修正過，斷句為正確無誤的斷句法，請大家參考評論）

白玉蟾先生曰：觀天斗星與五星不同，按此星辰與諸術大異。四正吉星定為貴，三方殺拱少為奇。對照兮詳凶詳吉，合照兮觀賤觀榮。吉星入垣則為吉，凶星失地則為凶。

命理真言

命逢紫微非特壽而且榮。身遇殺星不但貧而且賤。左右會於紫、府極品之尊。科、權陷於凶鄉功名蹭蹬。

行限逢乎弱地，未必為災。立命會在強宮，必能降幅。羊陀七殺限運莫逢，逢之定有刑傷（空劫傷使在內合斷）。天哭、喪門流年莫遇，遇之實防破害。南斗主限必生男，北斗加臨先得女。科星居於陷地燈火辛勤。昌曲在凶鄉，林泉冷淡，奸謀頻設。紫微愧遇破軍，淫奔大行。紅鸞羞逢貪命，命身相剋，則心亂而不閑。玄媪（即天姚星）三宮則邪淫躭酒。殺臨三位，定然妻子不和。巨到二宮必是兄弟無義。刑殺守子宮子難奉老。諸凶照財帛聚散無常。羊陀守疾厄，眼目昏盲。火鈴到遷移，長途寂寞。

尊星列賤位主多勞，惡星應八宮奴僕無助。官祿遇紫、府，富而且貴。田宅遇破軍先破後成。福德遇空劫、奔走無力。相貌加刑殺，刑剋難免，後學者執此推詳萬無一失。

命理真言

各位讀者請看：『奸謀頻設……』這段文字在這篇『斗數發微論』的第二段文字中。

第一段的文字大意是說：

白玉蟾先生說：紫微斗數這種命理學是與七餘四政的五星命理學不相同的。並且紫微斗數中的星辰也與其他命理術數完全不一樣。紫微斗數中以命宮的四方宮位中有吉星的人主貴。以命宮三合方位中凶殺之星少的人為居奇妙可貴。命宮主星相對照宮位(遷移宮)的星是吉星，其人便一生是吉，遷移宮中的星是凶星，便知道是凶了。命、財、官三合照守，由此三合宮位便可知其人命格是貴、是賤，一生的成就有多高了。命宮中有吉星居旺位的為吉命。命宮中有凶星居陷落之位的為凶命。

命理真言

第二段的文字大意是說：

命宮中有紫微星的人，也並非特別長壽或是特別昌榮。（此因『紫微坐命』在子宮居平位的人，其成就只是一般罷了。『紫破坐命』的人，也只有普通的壽命與成就。）倘若身宮有殺星的人，不但是貧困而且地位也不高，是個粗人。倘若是『紫府坐命』，又有『左輔』、『右弼』二星來照會的人，會有極崇高尊貴的地位。在人運中遇到有『化科』、『化權』的大運、流年運程，但『化科』、『化權』所跟隨的主星居於陷位時，此運也是不好，考試、升官都會不順利。

第三段的文字大意是說：

人在行大運、小運(流年)的年限時，行到宮位主星居陷、居平位的時候，並不一定會有災禍。但是坐命在主星居旺的宮位，也就是命宮主星居旺，必定會有福氣。『擎羊』、『陀羅』、『七殺』的大運、小運都最好不要遇到，遇到一定會有相剋、破耗、受傷等不吉的事情發生。有『天空星』、『地劫星』、『天傷』、『天使星』在運限內也是一樣這麼斷定。因為有『空、劫』會有萬事不順，或是容易成空，亦會遭到其他不好的災禍劫入。有『天傷』、『天使星』會生病、破耗、受傷，也是不吉。有『天哭』、『喪門』在流年裡，也最好不要遇到，遇到時也要防止破耗、傷害。在南斗星(如『天府』、『貪狼』)主運的流年運限內所生的子女，必是男孩。在北斗星(如『武曲』、『天同』)主運的流年運限內所生的子女，必是先生女孩。有『化科星』在宮位的流年裡，若此『化科星』所跟隨的主星陷落時，『化科』也隨之陷落，在如此的年運程裡，必定要夜間加班的、辛苦勞力的來讀書或工作才會有成果。這種運程是辛苦而忙碌的。命宮是『文昌』、『文曲』在居陷位時(凶鄉)，如居寅、

命理真言

午、戌宮，是沒有什麼文化氣質與成就的，讀書也不行，考試也不行。並且其人是奸險多計謀的人。命宮中有『紫微』、『破軍』的人，會有與人私奔的行為(此事在古時極為醜惡)。『紅鸞』與『貪狼』同在命宮得人，是本命與身宮相剋的人，因為桃花太多，每日心裡亂糟糟的，沒法子靜下來。『天姚星』若在夫妻宮(第三宮)中時，此人會好色又沉迷酒鄉。『七殺星』在夫妻宮時，一定和妻子不和睦。『巨門星』在兄弟宮時，一定是兄弟彼此不和也不講道義，是非口舌爭吵很多的局面。『天刑』、『七殺』或是有其他的刑星如『火星』、『鈴星』、『天空』、『地劫』、『化忌』等星與『七殺』同出現在子女宮時，父子不和無緣，是很難得到奉養終老的。有很多顆凶星照會財伯宮的人，在錢財方面，一生都是進進出出，不能夠聚存財富的。有『擎羊』、『陀羅』在疾厄宮的人，眼睛會有看不清楚或瞎眼之虞。有『火星』、『鈴星』在遷移宮的

命理真言

人，是一生容易寂寞沒有朋友親人相伴的人。

第四段的文字意思是說：

尊貴的星曜如『紫微、天府』坐命的人，而命宮主星陷落或居於不好的位置時，如『紫微』居子宮坐命，以及『天府坐命』卯、巳、亥宮的人，其人是較為勞碌的。八宮（僕役宮）中有惡星時，是朋友無義、部屬不會幫助的人。

官祿宮中有『紫微、天府』的人，是既富且貴得人，一定會有很大的事業與很高的職位。田宅宮中有『破軍』的人，是先耗敗，沒有錢財，後來才成功的人。福德宮中若有『天空』、『地劫』，是一生操勞，也沒有什麼結果的人。相貌加刑殺一句，因古代面相學中以相貌宮為父母宮。因此此句以紫微斗數命理來解釋應是父母宮中有刑星、殺星時，是彼此有刑剋、無緣的狀態的。以後學習斗數的人，用這些理念推測並詳加考驗印證便萬無一失了。

※白玉蟾先生本名葛辰庚。為宋朝光宗、寧宗時人，生於西元一一九四年。其生存的年代距離希夷先生晚了二百多年。故此『斗數發微論』為後世添加之作。

我們由上面的解釋中便很清楚的看到了本文全文的意思。讀者便可很清楚的瞭解，『奸謀頻設』是跟隨上兩句的意思。也就是跟隨在『昌曲在凶鄉，林泉冷淡』之後的意思、句子。而『紫微愧遇破軍、淫奔大行』是一個句子，也說明紫破坐命的人，會有大膽私奔的行為。而『紅鸞羞逢貪命，命身相剋，則心亂而不閑』是完整的一句句子。意思也與上句『紫微愧遇破軍、淫奔大行』是不搭軋的。

命理真言

目前由於命理書有一定的市場，有一些出版社便用很低的價錢，請一些原本對命理學並沒有研究的人，半路出家來寫命理書，並且還來翻譯解釋古文。連斷句都斷不好了，居然還以此大做文章，真是害人匪淺。

常常有讀書寫信給我，並以別人書中的句子問題來問我。一方面我沒有看到前後連貫的文字，也看不懂是什麼意思，當然無法作答，而不與回覆。另一方面，若看到像上述這種錯誤，真是哭笑不得，又如何能答覆呢？

現代的人，國學基礎不好是值得原諒的，因為接觸的少嘛！但是一個作者，一個寫文章的人，並且是要翻譯古文、文言文的人，便不可以這樣了。如此便喪失了人格和文格，也浪費了愛護命理學讀者的金錢與時間，是罪不可恕的。

命理真言

現在來談談法雲居士所著的這本『實用紫微斗數精華篇』。這本書是我繼《三分鐘算出紫微斗數》之後，再寫的有關紫微斗數應用的一本書。

《三分鐘算出紫微斗數》是排命盤的算法。而《實用紫微斗數精華篇》是從紫微斗數如何的產生，星曜如何在宇宙天體中排列，從開天闢地、宇宙太空到天下第一盤的產生都有很詳盡的說明。也就是從紫微斗數的源頭講到源尾。

另外還有十二地支宮的意義，和它和『太陽』之間角度關係所產生在人命理上不同的變化。

當然！更重要的，它告訴你怎麼算命、看命盤。它把一種命宮主星的人，都詳加解釋。讓你一看便知道如何應用在周遭人的身上。藉此來印證你的命理功力。

命理真言

事實上，《實用紫微斗數精華篇》在當初製作時，我便是把它以連接在《三分鐘算出紫微斗數》之後的一本書。也就是說，這兩本書本來是一套的學習紫微斗數的教本。我也預備以後用這一套書來做教授紫微斗數的教本。我也預備以後用這一套書來做教授紫微斗數的教材，因此特別用心的把紫微斗數在科學的起源上做了很清楚、精細的交代，讓讀者不要懷疑你所學的命理學是一個迷信。因為這完全是有太空、宇宙科學做根據的學問。

很多人學習命理的時候是偷偷摸摸的學，他們對於自己一生有多少財富關心，對自己能不能成為富翁關心，也對自己有沒有偏財運關心。時常買了第一本書看不懂，接著再來找進入紫微斗數的大門。**《三分鐘算出紫微斗數》就是進入紫微斗數殿堂的第一個大門口，**它教你用最簡單的方法、最快速的方法登堂入室。**《實用紫微斗數精華篇》就是**

命理真言

紫微斗數的客廳了。你進入這個客廳裡你會發覺，原來有這麼豪華、美麗、精彩奪目的內容。裡面的東西這麼多，每一個主題都是深具意義的。等你出了這個客廳就已成為內容豐富、深具淺力的人。當你重新述及紫微斗數這個客廳時，仍會驚訝於自己居然會記憶的這麼清楚。並且永難忘懷。

出版社的人員告訴我，很多讀者打電話來說：『法雲居士的命理書是他們最看得懂、最有體會的書。內容也最充實完整。』

聽了這樣的話，我當然很感動，也很感激讀者的愛護。這也是我一直秉持著不藏私、用心著力的把我對紫微斗數的瞭解、對紫微命理的感受和二十年來命相經驗相印證所得到的結果，一一呈現給讀者的原因。寫書的工作辛苦而孤獨，但是我願意把自己的經驗和對命理的知識與大家分享。更歡迎大家一同參與命理學術的工作。

命理真言

但是我們一定要把正確的、精美的命理知識留給後學者。倘若不懂便要去查書、去請教、去學習。有些人認為命理學是閒書，何必那麼用心去讀、去看呢？倘若你這麼想，那就錯了！那也就永遠無法學習好命理了。況且在目前的社會裡行行出狀元。學好了命理，也可幫助自己掌握運程，把握時間，這樣會讓自己得到更多的財富、更高的地位。也可幫助周圍的親朋好友，大家一起登上富貴之途。也可以使家人和樂，享受安康祥泰的生活，何樂而不為呢？

驚爆偏財運
看人過招300回
紫微面相學

紫微攻心術

法雲居士⊙著

『紫微攻心術』是一本用中國固有的心理戰術，再加上紫微命理的對人性的分析，兩者相結合來觸動人心繼而相輔相成，達到你我雙方都雙贏的一本書。

『攻心術』一向在中國都是兵家最高層次的應用手法。現代人在不景氣的時運中想要突出重圍，努力生存及生活，其實也是和大環境及當前的生活模式做一番戰鬥，因此在變化異常的景氣寒冬中，對人際關係及職業賺錢的攻心術則不能不多通曉及努力學習了！

最先知曉及能運用『攻心術』的人，將是一手掌握商場天下之情勢的人。

第十四章 『主貴』與『主財』的人生

在命理學上有『棄命從財』這個名詞。尤其你在八字的書中，看到此名詞的機會特別多。因此有讀者來信問我：『什麼叫『棄命從財』。『棄命從財』的解釋依命理方法的不同有很多種。

古代時，依從科舉制度的考試方法而中舉做官的，為『主貴』的命格。現代，我們則以事業有成就，做大企業負責人，或做政府官員，或在大學中有清高的教書工作為『主貴』的條件。

『主貴』有文貴、武貴之分。『文貴』是以讀書或文字基礎，考試升級等基礎晉升而名氣大噪，或做高級掌權職務，稱之。『武貴』則以從事軍、警業而有成就，具有高職位者而稱之。

命理真言

在命理的成就中，不外乎就是做政府公務員、教員、薪水階級、勞工階級的人。但是還有另一種，就是商人，他們在一生中的享受好，得財多，不見得有名氣，但是富甲一方。

在人的生命歷程中，有些人會從讀書考試中而走官途。有些人會讀書以後做薪水階級，或做有專長的勞工階級。

而某些人的命程有點怪，起先也和一般人一樣讀書，準備致仕，或在研究機構發展，但是中途卻放棄不做了，而去做生意賺錢。因此命理學上稱這個現象為『棄命從財』。這也就是說本命可能是『主貴』之命，但因運程的關係，放棄功名的利祿，直接去賺取財富了。

從八字上面的解釋，就是在八字四柱中，以日主為體的，如果日主旺，印綬多，要以財星為用神。倘若日主旺，官殺輕的，也以財星為用神。倘若日主旺，官星輕，印綬重的，也是以『財星』為用神。這三種狀況稱之棄命從財。

第十五章　同卵雙胞論命法

雙胞胎命格的論命法，一直是算命史上討論的熱門話題。每一派命理師也都有各自的看法。大家各展其能，各說各的理，非常有意思。在紫微斗數的論命方式中，算命師也都有自己的一套，各自不相同。有的在排出命宮主星以後，以父母宮為先出生的小孩之命宮，原命宮主星的星曜為後出生小孩的命宮。

另一種是將排出命宮主星為先出生小孩的命宮，而以兄弟宮為後出生小孩的命宮。也有人以命宮主星為弟弟的命宮，再以兄弟宮主星為兄者命宮。

這幾種方式好像都有不妥。因為差一個宮位就差了兩小時，雙胞胎先後出生，有的只差了幾分鐘，很少會差過兩小時。這樣算來到底對不對呢？

中國命理上之時辰，一個時辰為現代標準時間中的兩個小時，因此命理時辰以現代科學的眼光來看，似乎寬容度太大，不夠精細。但是紫微斗數是一個統計、歸納學，把在相同時辰出生的人的共同性歸納起來，而做出一個總括的解釋。況且古代研究天文學的人便知道，太陽一日行一度，一月行一宮(黃道十二宮)，一年行一周天。太陰(月亮)一日行十三度。這些天文知識由欽天監記錄，在古書中記載的天文科學，由現在在美國太空總署也得到證實。太陽日行一度，說的是地球繞太陽公轉的速度。這個速度有快有慢，月亮繞地球的速度也有快有慢，因此

命理真言

日月所行之速度為一平均值，這在古書上都有記載，這與現在太空科學的記錄只有小數點的差距，故也不能說它不科學的了。

現在談一談我對雙胞胎命格的看法，雙胞胎既是同時出生於同一個時辰，當然命宮主星是相同的，也在同一個宮位上。除非這一對雙胞胎出生在兩個時辰交替的時候，例如說一個在酉時尾生，只差了幾分鐘便至戌時，那就根本沒有問題了。先出生在酉時者，便以酉時來計算命宮和身宮。出生在戌時者便以戌時來計算命宮和身宮。

倘若兩個人都出生在同一個時辰內，我認為命宮還是一樣，但因為有時間上相差幾分鐘之差，後出生之弟弟或妹妹，應把身宮往後挪一位。這是因為『太陽』一日行一度較緩慢，感覺不出其移動。而『太陰』一日行十三度。每小時就移動了〇．五四度之故。每一個人的『太陽宮』就是命宮的所在，『太陰宮』就是身宮的所在。每一個人都是單獨的個體，雖然出生的時間差不多，命宮也相同，但身宮所代表的一切禍福感受就有大大的不同。這也是雙胞胎兄弟間有命格及性格差距的原因。

舉例：章孝嚴、章孝慈雙胞胎兄弟

在雙胞胎命格問題中，最讓人有興趣的就是章孝嚴、章孝慈，這一對雙胞胎兄弟的際遇了。有許多讀者寫信來問我，這也是我會寫這一篇有關雙胞胎命格看法的主因。

雙胞胎一般外貌都非常酷似，這是命宮相同的原因。命宮所代表的面貌、體型、表現於外在的性格(請注意尚有內在性格)、智慧，與外界環境相處的方法、家世、與親人相處的方式也大致相同。

但是在身宮方面就大大不同了。身宮代表的是內在思想與感情的

命理真言

模式。這種思想與感情雖屬深藏於內心的因素，但也足以影響一個人在做事工作時的意願問題，也會影響一個人的喜好、哀樂，這才是一個人真實的自己，屬於一個人的元神部份。

章氏兄弟兩人的命格中同屬『文曲化科、祿存』坐命。體型略矮、小圓臉、臉上有痣、有化科，因此外表斯文。『文曲』屬於具有才藝、口才之星，兩人的口才算是不錯。因『文曲』在酉宮又居旺宮，才藝、口才都很強。因『文曲』是時系星，因此有善變、油滑的特徵。有『祿存』同宮主孤，不太願意接受別人的幫助，也不會把心事向人透露。

遷移宮中有『天機、巨門化祿、鈴星』。外在環境、變化大，並且以口才、是非而得祿，從事學術研究極佳。在機會上，是愈亂愈好的，在其人一生的際遇裡也是變化多、是非多的局面。

章氏兄弟 命盤

財帛宮 天梁 文昌化忌 癸巳	子女宮 七殺 天魁 天空 甲午	夫妻宮 左輔 右弼 乙未	兄弟宮 廉貞 陀羅 火星 丙申
疾厄宮 紫府 天相 地劫 壬辰	火六局		命宮 文曲化科 祿存 丁酉
遷移宮 天機 巨門化祿 鈴星 辛卯			父母宮 破軍 擎羊 戊戌
僕役宮 貪狼 天鉞 庚寅	官祿宮 太陽化權 太陰 辛丑	田宅宮 武曲 天府 庚子	福德宮 天同 己亥

章孝嚴的身宮 → 財帛宮

章孝慈的身宮 → 子女宮

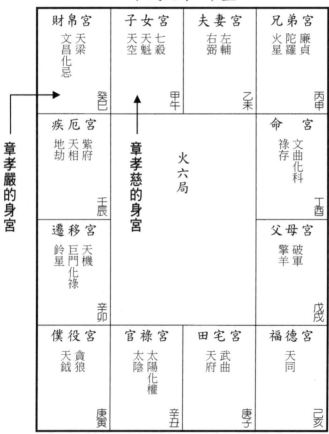

命理真言

現在來看看『身宮』對兩兄弟的影響，章孝嚴先生的身宮在財帛宮，有『天梁陷落』與『文昌化忌』同宮，這是喜愛賺錢，認為賺錢很重要，但是又賺不到什麼大錢，並對錢財沒有理財能力。也得不到貴人相助生財。『命、財、官、遷』四方三合、對照，而形成『機月同梁』格。是必須從事政府公務員、薪水階級，才能得財。**官祿宮中『太陽化權居陷、太陰』入宮**，在工作上必須居於隱職的地位，而掌實權。女人也對他有利，也可得到財富。**田宅宮為『武府』**，整個看起來章兄要賺錢積富，必須靠夫人協助之力，財庫才會豐滿。其本人以增貴為主，走老運。

章孝慈先生因身宮在午宮，有『七殺、天空』入宮，這是一種操勞、多想、多慮，又萬事成空、萬念俱灰的灰色心態。此人極端內向。**身宮的三合處宮位又有『破軍、擎羊、貪狼』形成『殺、破、狼』格**

命理真言

局。這是對本命性格的致命傷。也就是運氣走到這個三合宮位，遇煞多而早逝。

這兩個兄弟在『命、財、官』三方宮位中都有『陽梁昌祿』格，因此都能讀書讀到高學歷。章孝慈先生還可貴於東海大學的校長。但是由於身宮聚煞多，身體本質便不好，十分可惜。

由於身宮的不同，兩位兄弟在財富上也是不同的。譬如說兩人原本的財帛宮是『天梁陷落、文昌化忌』，同屬手邊的錢財較少的局面。兄者較愛財(身宮在財帛宮)、重視財。弟者視財帛為浮雲。因此二人的**田宅宮中雖都是『武曲、天府』**。但很可能為弟者只有一棟房屋。而兄者就有較多的房地產了。

第十六章　命理學應用在政治上、管理上

『治亂世，用命理』，很多人看到這個題目，一定會奇怪？命理這種雕蟲小技的東西，如何而能和治理國家大事的事情相提並論呢？

可是你難道忘了，前美國總統雷根在就職典禮時，就選用了算命師提供的時間，以後在任內不論是外交上、國內的大事上遇有難題，都會請教算命師提供意見，並且在當總統的任期內一帆風順。就連御任後所爆出的伊朗軍售案也能輕鬆的過關，而安享天年。在外國就已經有總統確實的將命理生活帶入了治國行大事的決策之中，你還懷疑它是雕蟲

命理真言

小技嗎？

在中國幾千年前的政治文化，就是起源於占卜算命。時至今日的政治人物也樂於此道，這不是沒有原因的。

世界上一切的事物在處於未來時段時，都有許多不確定的因素，讓人類無法掌握，而往往人類就必須在『未來』尚未到來時，便必須做出決定和回應。因此人類就一而再，再而三的必須在現在就決定及處理未來的事物。此時就會產生不確定而有些迷惑，命理的知識也就是這個時刻最好的幫手了。

中國的卜命之學都源起於『易經』，這是一個講求自然法則、順應自然法則的書。時至今日，仍沒有人能反駁其中的道理，而另倡異言。

命理已經深入政治圈中

在政治圈中以命理來實行政治鬥爭的事件其實不少。就拿選舉來說吧！尋找競選總部的所在地，必須在自己喜用神的正位方向。甚至找發言人也要找與自己命理相合升旺助選的人選。去領表登記也要找自己的吉日。這些往往都是與對手奮力一擊的關鍵所在。當然另外的細節仍然很多，不能在此一一細數。

近來台灣在爭奪領導人的地位，也就是公元二〇〇〇年的總統大選中，更是以命理彼此較量作戰的結果。報章雜誌上刊載許信良先生曾請一位命理大師算過陳水扁先生的命，這是在丑年底的事了，他曾預言陳水扁先生下一個選舉會不順的，因為正是與其本命相剋的運途，後來也應驗了，果然沒有選上台北市長。你看看！在政治圈中不但要算自己的命，黨

命理真言

外對手的命要算，同黨黨內對手的命更是要算，真是步步為營步步險了。

政治人物喜愛算命，只為自己和政治對手算命，卻不會為生於斯、長於斯的這塊土地上的小老百姓算命。於是小老百姓便求助於經濟學者、股票分析師來替大眾算命，結果是經濟不景氣，大家的運氣都不太好。

在彼岸中國大陸那一方也是一樣，必須秉性、氣度相同的人，才會拉來成為同志，共謀政治利益。例如江澤民先生是『破軍坐命』的人，而朱鎔基先生是『廉破坐命』的人，在思想意念與處事的決斷力上都有共通點，才能聚合在一起。當然在這個政府中會有更多的破軍坐命者，進入權力中心，這也是相同個性與相同屬性的人，同性相吸的自然定律了。

『破軍』是戰星，『破軍坐命』的人都有向外擴張的本性。作戰必須消耗，但是破軍坐命的人是絲毫不怕消耗損傷之事的，他們也從來不去想這個消耗的代價有多大？在他們的觀念理只要爭戰成功便是成就，是千古的榮耀。損 失一點又算得了什麼？因此在兩岸未來關係中也將埋下更多的變數。

命理真言

命理可以幫助改善社會風氣與治安

命理學一向是研究曆法、研究時間、研究環境、研究人文的科學學問。它對於人類的研究，以及人類在環境中所產生的變化，甚至於比社會學還要精細。因此用命理學來改變社會風氣就不是不可能的，並且它會比推動社會運動的能手們更功效顯著。

以命理學來改善社會的風氣有消極的和積極的兩個層面。消極的層面當然就是從根本做起。從生養到教育，一體成型。讓大眾瞭解生養一個命理格局好，有出息，能夠知書達禮的小孩，比賺到錢，做到大官還重要。因為人短短幾十年追求名和利，其目的也是為了享福。倘若人沒有善盡自己的責任，日後便會因子女而受累，再多的名和利，都換不回這種痛苦的代價。

為子女選擇好命的出生時間

選擇生養子女的時間，也一定要在自己旺運的時間來計劃生育。千萬不要隨隨便便的生育子女，也不能在倒霉時，以生養子女來改運的想法。這樣一定會生出命格不好，也無法教養好的子女。況且自己運氣不好，心情煩悶粗暴，在教養工作上一定也做不好，如此的循環，當然子女的命格會低，成就會差，若再有煞星侵入命格，便會形成十幾、二十歲便危害別人、更累及自己的人了。

命理真言

目前的社會裡，青少年的問題嚴重，很多都是家庭破碎，單親家庭，或是未婚生子的問題家庭所出生的子女。倘若能從根本上改善，每個家庭中的雙親，或已經是單親的人能覺悟，重視子女，並教導他們人生不要再走錯路，生養自己的小孩要有責任心。生的時候要有責任心為其選好時辰。養的時候也要有責任心，教仁教孝，從現在開始還來得及。二十年後，你便可以享到子女的福氣。

眾多好命的人，會讓國家社會富強

社會上正直、好命格的人一多起來，整個的社會風氣也會轉變得溫暖和諧，自然暴戾之氣就少了。目前社會上的人，就是太急功好利，只顧自己賺錢、發財，忘了顧及家庭倫理，以及子女的教養、教育的問題，以致形成惡性循環，養出一些打家劫舍、盜竊不良的青少年來害人害己。因生養和教育的問題需要花時間來做，我把它列入消極的層面。

用命理緝凶

積極的層面，就是直接以命理學的方式，懲惡緝凶。首先把每個前科犯，有不良記錄的犯罪者的命盤資料輸入電腦，這和記錄指紋特徵有相同的功用，並且其功效還大於只有指紋等資料，可在追捕嫌疑犯時，由命理師做諮詢專家，提供給警方其人的性格、特徵，以及可能逃匿的方向、所在。並配合警方將其緝捕歸案。這樣比你明我暗躲迷藏式的追捕，成功率高多了。也可減少警方人員的折損、受傷率。

用命理教化

另外就是在監獄教化方面，也可將受刑人的命盤輸入電腦。並請

命理真言

監獄輔導員和義工人員及命理師一同研究受刑人的性向、思想及思考模式。並依其性格、內心的喜好、對事物是非善惡的看法的不同，做個別的心理輔導，使其走向棄惡從善的路途。這比單是以宗教的力量、管束的力量會成效較大。因我們徹底的瞭解其人的個性，怎麼個想法之後，比較能尋找到此受刑犯人性中還有的一點點的善良面。從這麼一點的善良面出發，比較能說服他，使他心中那一點點的善良面擴大，繼而棄暗投明，改邪歸正，並且永不再犯。

並且，命理師和輔導人員，也可教導受刑人命理的學問，如何使自己利用時間、環境的因素使自己趨吉，脫離黑暗不光彩的生活層面。把人生過得更充實、更美好。任何人都不會喜歡坐牢，也不願被人憎恨、唾棄的。很多受刑人多半是為了得到更多的錢財而挺而走險。命理師和輔導人員可以將命理學中正當的增財之術教授給他們，並要讓他們瞭解富貴榮華是天命注定的，一生出來便已決定的事實，是強求不得。人若一定要強求，大半輩子在牢裡蹲，豈不是浪費了大好的生命。

命理師及輔導人員也可以教導受刑人，在命理學中的生命價觀。人並不是生來便是以賺錢為目的的。人活在世界上還有其他的責任。使自己的生活愈來愈好只是其中之一。另外還有對家庭、六親的責任，還有對社會公義的責任。人也不是生來便要以享受為目的，因為很多人天生命格中就是操勞，必須對人付出很多的。這也是無法改變的事實。人一生要認命、順命的事情很多，並不是全可用氣憤、凶暴就可解決問題的。

用命理輔導青少年問題

在對問題青少年的輔導方面，更可以用命理方式瞭解其個性，並找到如何與其對談的方式。很多父母、大人、社工人員對問題青少年根

命理真言

本無法與之交談，青少年們認為這些大人，根本不瞭解他們，也不懂得他們心中在想些什麼？大人們說的話都是千篇一律的老八股教條。彼此心中有芥蒂了，如何還能交談下去呢？命理師找出此少年的命宮和身宮的主星，便能很清楚的知道此少年的想法，內心忌諱的事情是什麼？他真正害怕的充滿不安全感的問題癥結在那裡？如此才能真正的從內心深處來做輔導。如此的輔導才會真正有成效。

拙作《看人過招三百回》、《紫微面相學》中就對各式各樣的人，在內心深處所重視的問題有清楚的剖析，對如何說服其人，也有提供參考價值的意見，這也是真正能確實親近與掌握與人相處之道的方法，讀者可以參考之。

時間決定命運

投資煉金術

對你有影響的

十干化忌

法雲居士⊙著

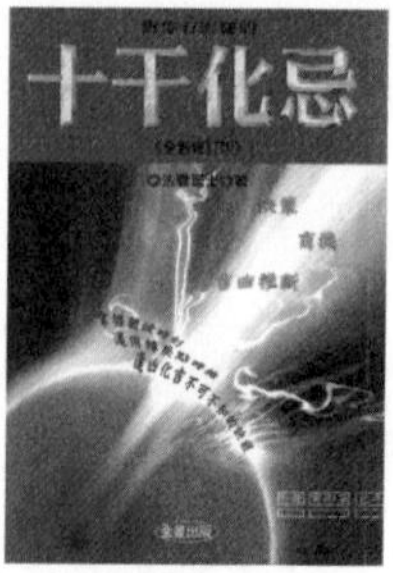

『權祿科忌』是一種對人生的規格與約制，十種年干形成十種不同的、對人命的規格化，以出生年份所形成的四化，其實就已規格化了人生富貴與成就高低的格局。『權祿科』是決定人生加分的重要關鍵，『化忌』是決定人生減分的重要關鍵，加分與減分相互消長，形成了人世間各個不同的人生格局。『化忌』也會是你人生命運的痛腳及力猶未逮之處。

星曜特質系列書包括：『殺、破、狼』上下冊、『羊陀火鈴』、『十干化忌』、『權、祿、科』、『天空、地劫』、『昌曲左右』、『紫、廉、武』、『府相同梁』上下冊、『日月機巨』、『身宮和命主、身主』。此套書是法雲居士對學習紫微斗數者常忽略或弄不清星曜特質，常對自己的命格有過高的期望或過於看輕的解釋，這兩種現象都是不好的算命方式。因此以這套書來提供大家參考與印證。

第十七章　受騙者與犯案人都有刑剋現象

進來台灣因宗教的受騙案，改運的受騙案層出不窮。有些乩童甚至在住宅區設立宮觀佛堂，為人驅邪改運。某些信徒動則被騙數千萬之鉅，這是台灣的怪現象，令人咋舌！台灣的老百姓竟然如此有錢！這些人也竟然如此愚昧！等到運也沒改好、乩童也人去樓空，便又是一付受害者的模樣，大聲哭喊，要政府機關、警察機關來做主了。

我很同情這些受害者，同情他們發現被騙後，心情所受的創傷。

但也不同情這些受害者！因為要不是本性趨於邪昧，老想著用怪力亂神

命理真言

的手法來改變自己的命運，想走捷徑，賺更多的錢，貪赧無制，才會上當受騙。這是由於邪門歪道的思想先已存在於自己的心中，因此才讓鬼魅近身，如此的結果是早就預見的了，只是他自己鬼迷心竅，這又如何怪得了別人呢？

因此犯法做詐欺別人勾當的人，固然不對，這些邪門歪道的受騙者是否更應該好好反省自己的思想觀念是否正確？為什麼會相信這麼樣一個不科學、不合理、不憑自己努力就輕易得到的好處呢？

我常常在電視新聞中觀察新聞事件的造事者與受害者的形象。許多做不法勾當、拐騙矇盜的犯案者中，其臉上都有麻臉或具有凹痕、坑洞的粗糙皮膚。這就是命宮中有煞星存在的跡象。常從事拐騙錢財，或用智慧型犯罪取財的人，多半臉型瘦長、下巴尖，**這是命宮有『擎羊星』的人。**其跟隨的同夥中常會有長得粗壯、臉型圓肥、像個大豬頭，

命理真言

愣頭愣腦又兇悍的人，**那是『陀羅坐命』的人**。其他如長得瘦高、或稍壯，眼神閃爍，被警察抓住了還搖晃不已，**那是有『火星』在命宮的人**，並且他們常把頭髮染色，染黃或是染紅，表現時髦和與眾不同。**有『鈴星』在命公的人也很好認**，身體較瘦小、臉型短、腮骨有稜有角，樣子古怪，眼神也是閃爍不停的，彷彿時時會找機會逃脫。

一般來說命宮中有『擎羊星』的人，聰明陰險。他常是最初的計劃人，並且是整個犯案的過程的企劃者。他們善於狡辯，就算事跡敗露被抓到了，也常死不認帳。命宮中有『陀羅星』的人，比較笨，通常都會做把風、跟隨的工作。有時命中有『陀羅星』的人，也會自做聰明，見財起義而犯案，但很快便會被抓到，有時甚至是當場被抓到。

從電視新聞中所看到的受騙者的形象也好不到哪裡去，多數人也具有麻臉、臉上有凹痕、坑洞的狀況，皮膚粗糙、有斑痕、傷痕，行為舉止粗俗。在這些人中，**應該是命宮主星有『陀羅星』、『巨門星』多一點的人吧！**

根據我長久算命所做的一個受騙者的調查顯示，有四個命盤格局的人，最容易相信邪魔歪道而受騙。那就是『紫微在丑』、『紫微在未』、『紫微在巳』、『紫微在亥』四個命盤格式。更巧的就是這四個命盤也就是組成普羅大眾，一般老百姓的基礎命盤格式。現在你就會瞭解為什麼有那麼多無知愚昧的人，會被騙、或去騙人，把自己的人生弄得很糟，長久的居於社會的底層的真正原因了。

當然，其他的命盤格局中也不是完全沒有壞人、笨人出現，只要有『羊、陀、火、鈴』的位置不在命宮的三方四合處即不會有危害別人及受害的不良思想了。

命理真言

命理真言

最容易因受騙而遭災的人：有『巨門坐命』的人、『天機坐命』、『太陰加擎羊或陀羅』坐命、『破軍坐命』、『武殺坐命』、『廉貞坐命』、『同梁坐命』、『同巨坐命』、『機梁坐命』、『陽巨坐命』、『武破坐命』、『天梁居陷坐命』、『天同居陷坐命』、『同陰居陷坐命』、『機陰居陷坐命』、『廉殺坐命』、『火鈴居陷坐命』、『地劫坐命』等等。

各位也可以發現到命宮主星陷落時，人也比較會受欺侮而遭騙的。

不過呢？你要是能細心研究像『紫微』、『天府』、『武曲』、『太陽居旺』、『天相』、『天同居旺』的這些人為什麼不容易遭騙呢？你也會發現不單是命宮主星居旺和具有福力的結果。這些人更是心地比較正直，對旁門左道的事情不屑一顧，自然麻煩是非，以及小人暗害的問題不會找上他，因此吉祥的時間也多了！這種情況是自己本身性格所製造的福力。也不是天生命好、命壞的問題。任何一個人若能有這樣的體認，不要去相信超能力、神力，以及改運發財，或是改運幫助考試。不要以非法的手段來謀取自身的好處，自然不會上當吃虧。

再說，錢財是你親自交與他人，被人騙去，就是犯劫財，縱有警察為你追緝詐欺之人。但是錢財還能像當初送出去時一般完好的回來嗎？你只有在家中抱憾痛哭的份了。

命理真言

紫微命理子女教育篇

戀愛圓滿 愛情繞指柔

簡易大六壬神課詳析

第十八章　心理醫療的算命法

很多人都把算命當做心理治療。在我認為：算命是和心理治療有許多不同的方式與結果的。

心理治療主要的意義在於人在心理上受到傷害之後，需要平復、需要心理建設來幫助重建自信心、重返社會。也會在人心理受到創傷之後，找出根源，增強其免疫能力，使其外表正常。

算命的方式便不太一樣了。不管你有沒有心理障礙，都可以找命理師談談。所談的範圍也並不僅限於心理受傷的部份。

命理真言

生活問題、經濟問題會找算命師諮詢

一般人找算命師算命，談論最多的就是求財的問題。其次是感情、婚姻的問題，再其次是升官的問題、讀書的問題。再其次是子女的問題。可見都與個人日常生活有關。也有一些人會找算命師談交友的問題。會找心理治療師的人，多半是真正在心理上已發生了重大的病跡，而且常常都是要即將進入精神病院的前奏了！這是目前在東方人、中國人的社會環境的現象，西方人是比較愛常找心理治療師的。

而東方人、中國人在精神狀態還完好，只是心理有一些問題難抉擇時，又不方便與家人談論時，會找命理師來商討一下，這就是算命與心理治療的不同點。

命理師會根據當事人的出生『年、月、日、時』，找出此人的命

宮，從而知道此人的心態。並用合於其心態的方法和其交談。並用當事人的立場做根據，幫助其思考對當事人有利的條件，因此而提供給當事人完滿解決事務的方法。

命理真言

打官司、法律問題會先找算命師商量

在思考解決當事人的是非糾葛的問題時，命理師同時得具備法律的知識，這樣才不會愈幫愈忙。因此命理師常常是一個介於律師和像家人般親密的朋友。必須具有律師的職業道德幫當事人保密。也必須具有像親密家人和朋友一般的忠誠度及親愛心。因此一個真正好的命理師，不但會算命，能預知未來，也必須是一個好的軍師人材。並且會在任務達成後而隱退，也不再與當事人有任何牽連。

所以我在街上是很少與人主動打招呼的，因為基於職業道德，萬

一遇到曾給我算過命的人，他們又害怕被人知道他來找過我，這可怎麼辦呢？因此除非有人自己主動打招呼，我才回應。再一方面，我的記性也不好，有時只記得事件，但無法與人連在一起。有時看過的人也忘了。乾脆不打招呼，以防有錯出醜。

算命師形同心理與環境醫生

命理師在業務上的工作，有時也會像醫生，但這與治療沒有關係。命理師會建議當事人改變及去除對他不好的東西。例如不好的住屋環境，不好的方位，不好的顏色禁忌等等。更會建議當事人要保持健康的身體，使其人的運勢上升。倘若當事人身體有病，命理師會建議他去檢查、治療。也有命理師會介紹中醫、西醫、跌打的醫生給當事人的。並且命理師也可從命理格局中找出此人身體較弱，容易生病的部位，讓

命理真言

其人預先加以防範檢查。由這方面看起來，命理師又像一位家庭醫師的地位了。

命理學在人一生中的生、老、病、死上都做出了最大的研究。在人一生中的富貴、仕途上也有完整的研究理論，因此其功效比之心理治療，相差有千里之距。

婚姻與感情問題也是算命內容的大宗

有一回，在電視節目中看到電視演員馬世莉小姐差一點結了可怕的婚。她說是經過算命師告訴她不可結這個婚，才讓她大夢驚醒。原來她的男朋友起先很溫順和靄，對女方的父母又做出極盡孝道的樣子。訂了婚以後便不斷的要她投資，並且來借錢，頻頻催促結婚，也顯露出本來凶暴的態度。讓她十分困擾，對方又催促得很急，於是找算命師研究討論一番，幸而有這位命理師即時的點醒她。否則像高雄市議員林滴娟被男友所騙、綁架劫殺至死的事件，恐怕就要落在她的身上了。慶幸的就是馬世莉小姐會去算命，找到能幫助她的命理師。而林滴娟小姐沒有去算命，也沒人幫她看出有一個劫難關口正等著她跳進去。這真是生死由命了。

每個人也不是一定要找別人做算命師，也可以自己做自己的算命師。只要你能精通命理的法則，瞭解命理中喜用神的方向，並且自己會算流年、流月的話，也就能為自己找出吉日、凶日，便不必受制於人，自己便可為自己排解難題了。同時，懂得命理的人，也更不需要心理治療師了。**因為自己就是自己最佳的心理治療師嘛！**

第十九章　人生的煩惱要如何解決

有很多人覺得人生一輩子最重要的就是『錢』，沒有錢就是人生中最大的危機了。因為他們對錢看得重，以至於其他的問題都覺得不重要，因此也看不見。才會覺得除了『錢』便沒有危機存在。

人生第一個危機

其實人一出生便具有危機存在了。呱呱落地，進入一個新家庭，不知道這次投胎出生是否正是父母滿心歡喜等待的。倘若生在父母家人相處和樂的家庭，來的又正是時候的話，自然危機解除，好運連連，可以平安快活的生長了。可是有一些小孩，好像總是來的不是時候，從小和父母、兄弟處不好，常被打罵斥喝，好像什麼都做不對，既無法受到家人好好的對待，也無法接受正常的教育，甚至被遺棄，這人生中的第一個危機便這樣產生了。這是生與活的危機，也是家庭的危機。

另一種在嬰幼兒時代，身體不佳、養不好，容易早夭的或者是被騙走、偷走的也屬於這種第一種危機之中，同樣都是『生』與『活』的危機。

第一種危機的產生，多半是父母宮不佳，有煞星在宮中的影響，因此與父母無緣。有的人說：『不會呀！我們做父母的多麼愛他，但是小孩就是弄丟了。』

通常我們認為父母宮不好，是從那個命盤所有人的角度來看的，

也是從命盤當事人的感受來論的，這與父母是否真的『有所付出』無關。這只是表示命盤當事人真的在感情上無法和父母有交集點，也無法溝通的意思。有些父母並不瞭解小孩，但也不肯承認這個事實，常要嘴硬逞強的表示和小孩很親密。只要小孩大一點，有了自己的主意之後，你就會知道此事不假了。

命理真言

與家人不和的人如何改善環境

如何來解決父母宮、兄弟宮不佳的危機呢？倘若是你自己本身命盤中顯示父母宮、兄弟宮不佳，或者是自己也親身感受到和父母親與兄弟之間有不和順、彼此冷淡、沒法子溝通的話，等你年紀稍長，成年後早點離家工作，經過社會歷練，成熟一點，彼此的關係會好一點。因為彼此不和未必是單方面的問題。人在青少年時代未必能體會父母的心意，而心生反感。另一方面也可能是個性不同所致，因此成年後離開一段時間可以改善。

父母要主動改善與子女的關係

倘若是做父母親的人發現自己子女命盤中的父母宮不佳的人，便要注意自己『對待』小孩的方法，多觀察小孩的性向，多去瞭解子女的想法，並設身處地的從孩子的觀點來看同一件事情，用心破解子女的父母宮不好的事實，這個親子關係的危機也可以解除。

其他如小孩走失、早夭等問題，在我所寫的《吉人天相保平安》中，有詳細的分析，請參考。

命理真言

人生第二個危機

人生第二個危機是讀書的危機。在人生中讀書受教育的年代，都是由幼而長的年代。一些人因為家庭經濟的原故，或是家庭中守舊的重男輕女觀念上的問題，亦或是自己本身對讀書沒興趣而中途輟學，而產生讀書的危機。更有一些人是書一直在讀，但怎麼讀也讀不好，這同樣屬於讀書的危機。

大多數具有讀書危機的人，都不會具有『陽梁昌祿』格。而又有某些具有『陽梁昌祿』格的人，會因大運或流年運程的關係，同樣沒有讀書運，而造成讀書的危機。這是非常可惜的事，繼而也影響到人一生的成就，糊里糊塗的過了一生。

命盤中『文昌居陷』的人，和『文昌』與『太陽』、『天梁』、『化

祿』、『祿存』不在四方三合宮位上的人，都可能會讀書中途遇到挫折，讀書讀不好，或是根本不想唸書了，乾脆去工作或遊手好閒。

讀書是人生未來成功及成就打根基的部份，根基打不好，就必須多花十倍、二十倍的力氣和時間在社會大學中學習摸索，才能有所成就。因此讀書的危機實際上在人生的階段中也是一個變化的因果關係。

倘若你現在已經渡過了這個讀書危機的年齡，而自己的子女又正走上讀書危機的年紀，要如何幫助他解決這個讀書危機便是你最大的智慧了。你可以看看他的流年運星是什麼？（就是流年命宮）。倘若正走在具有『文昌』、『太陽』、『天梁』、『化祿』、『祿存』，或是『貪狼居旺』、『廉貞居旺』、『財星居旺』的流年宮位上，你可以和他共同討論未來的前途，好好的分析給他聽，也能挽回他的讀書危機，他是會接受你的意見的。

命理真言

倘若他正走『運星陷落』、『財星陷落』的運程，你則必需要花較大的力氣才能挽回。因為人在運氣差的時候，脾氣很壞，凡事不順、事倍功半，比較會半途而廢。**此時便必需父母有耐心引導才行。你若能再找出他在『流月旺運』的運限中開導他，事情就會順利的多了。**

有關於讀書運的問題，在《好運一定強》一書中，我有詳細的解釋。讀書運看得是『官祿宮』，這也關係未來工作、事業的成就，因此也是不能不重視的危機之一。

人生第三個危機

人生第三個危機是事業的危機。就如前述所說，事業是讀書的延續。一個人官祿宮好，書讀得不錯，事業也會做得不錯。

可是會有人說：『那也不一定呀！也有人不會唸書，但事業也做得不錯呀！像王永慶就沒唸過什麼書，還不是一樣做大企業！』

那你可就錯了，有幾個人能像王永慶先生一樣的勤勞、有一樣的智慧及好運氣呢？在這些運氣中也同樣包括了用人的智慧和做事的智慧呀！這種學習的態度，延伸在工作上，不斷的改進，渡過一次次的難關，才能累積成現在的成就。

每一個人在事業上要有成就，不但是性格上的要求、學習能力要好，就連運勢起伏也要順暢才行。

有一位朋友看了《如何算出你的偏財運》一書後，來找我算偏財運。他說自己排命盤看，覺得自己是有偏財運命格的人。但他覺得自己一生平平，好像沒什麼感覺？一生很平淡、不好也不壞、不知為什麼？**這位先生是『紫微在寅』命盤格式中，『太陽坐命』亥宮居陷的人。**具有『武曲化祿、貪狼化權』等最佳的『武貪格』暴發運格式。但一生所走的大運都不算太好，流年運程又是起起伏伏、一年好一年壞的情況。**最重要的是官祿宮又是『太陰居陷』**。此人在二十歲時即暴發一生最大的偏財運。因偏財運暴發在此時，沒有事業基礎，因此無法發大。只有因父亡而留下一棟房子做遺產的這麼大的偏財運了。（一生最大的偏財運需要大運、流年、流月三度重逢才可爆發）。此人要是活得長，在八十三歲仍可再得到一次最大的金錢暴發運。但是二十六歲至三十五歲走的是『天同居平』運，三十六歲至四十五歲走的是『七殺』大運，當然都只有平平之感了。在小運流年方面，一年好一年壞的運程模式，把好運年時賺來的錢都給壞運年消耗掉了。

我們再看『命、財、官』三方的問題，財帛宮中有『天梁化科、文曲化忌、文昌居平、擎羊』等星。這是一個對錢財無法計算、管理，並且時常有麻煩困難的財運。幸而夫妻宮是『天同』，有妻子幫忙理

命理真言

財。倘若自己管理工廠錢財，一定有債務和倒閉的問題。

此人的官祿宮是『太陰陷落』。表示在讀書上馬馬虎虎的過關，因此高中畢業後，因繼承了一棟房子，自覺比同班同學強一點，先在別人的公司工作一段時期，結婚後開了一間服裝工廠便覺得平順滿足了，至少已經是一個老闆了嘛！

『太陽坐命』的人，都有一個共通點，就是很容易『知足常樂』。當然這也算優點了，但是這就不能多想了。**這位仁兄的命宮是『太陽居陷』，三合方又有『天梁』、『文昌』、『化忌』、『擎羊』。『文昌』又居平陷之位**，讀書當然讀不好，學習能力差，平常根本不會去關心學習賺錢及管理的學問。這樣命格的人，卻又想自己怎麼不暴發錢財？怎麼沒有和王永慶一樣的財富？怎不讓人覺得訝異，此人是不是腦子壞了？

命理真言

況且暴發運也是必須要具有堅強打拼、努力向上的企圖心，與流年運程的一一配合，才能達到真正幫助人登上高峰境地的。『太陽坐命』的人，性格太隨和，是屬於運星命勢的人。

倘若『太陽』居旺居廟坐命的人，尚有奮發圖強，再加上運勢居旺，就有成功的機運。而『太陽居陷』坐命的人，沒有運勢，也沒有競爭力和向上的企圖心，如何能在事業上一較長短呢？只有安安份份的過好日子，做一個有福的人，老的時候有一些房地產享福，就是人生最大的成就了。若想研究事業的格局，**請參考《紫微幫你找工作》及《好運隨你飆》兩本書。**

另外在事業危機中還有一個關鍵所在就是：在人一輩子的生命中，究竟會把生命力投注在什麼事情上？要瞭解這個問題，就必須看其人『身宮』所在的宮位。『身宮』在財帛宮的人，一生致力於錢財，為

命理真言

錢財投入生命力。**『身宮』在遷移宮的人**，一生奔波，但也喜好玩樂交際，為外界的新事物投注心力。**『身宮』在官祿宮的人**，一生在學習上投注心力，對事業及自己的要求高，這當然是比較會成功的人類。許多大企業的經營者，都是這個命格的人。**『身宮』落在福德宮的人**，一生愛投注心力在享福、吃喝、玩樂上，比較看得開。身宮落在夫妻宮的人，一生多著力學習增進、維持感情的技巧、是全心全力談感情和愛情的人。

『身宮』、命宮同宮的人，一切的心力放在自己身上、頑固、固步自封，倘若他的想法與做法是真正對自己前途有利的，走對了路，便會成功。倘若稍有差池，便在人生中起起浮浮。因此觀念與心力上的投注，也是人生中成功的關鍵和事業上根本的危機了。

命理真言

人生第四個危機

人生第四個危機是錢財的危機。事業是讀書的延續。錢財又是事業的延續，因此都是彼此息息相關的。

很多人常問我，自己的財帛宮很好，有人是『天府』，有人是『太陰居旺』，但是為什麼仍然沒有錢呢?為什麼沒成為大富翁呢?有時候還要為錢疲於奔命。

當然這個問題非常龐大，每一個人的情況不同，但總不外乎下列的幾種原因：

第一、財帛宮所屬的錢財是手邊流動的錢財，或是手邊可運用、摸得到的錢財。真正的財富聚於田宅宮之中。田宅宮才是真正財庫之位。田宅宮中有凶煞之星、財庫便有了破洞、很難聚財，自然留存不佳了。

第二、財帛宮中星曜旺度也有強弱之分。雖然同屬財星，所處的宮位不同，錢財在應用上也就有多有少了。例如說『天府』在財帛宮中時，以雙星出現時最佳。如『紫府』、『武府』、『廉府』等，這些人本命的命格也佳，『天府』又在廟旺，自然財富運用上較富裕。『天府』單星時，以在丑、未宮居廟，這是『天相坐命』巳、亥宮的人，本命只在得地之位，田宅宮財庫又為『空宮』，因此只是屬於平常人的生活平順而已了。『天府星』在酉宮為財帛宮的人，其人本命『天相』居廟，田宅宮又是『太陽』居旺，可繼承祖產很多。自然為財富雄厚之人。另外，『天府』在財帛宮時，又是在卯、巳、亥宮的人，『天府』只居得地之位，而田宅宮所屬的財庫不是主星陷落，就是『空宮』，自然沒有財富可留存了。這又如何能成為富翁呢？並且人又有依生年所安之干系諸星，『擎羊』、『陀羅』、『化忌』，與時系星『火星』、『鈴星』、『地劫』、『天空』等交互進入命盤中，對人的影響更大，錢的危機更是明顯。

第三、是流年、流運的關係。流年運程不主財，沒有財星居旺的流年，錢財得到的便少。倘若又處在『破軍』、『七殺』、『化忌』、『地劫』、『天空』、『擎羊』、『陀羅』所在的流年運程中，破耗更是很多。大運管十年的運程，管你十年中財富的規模大小。其次的流年所管的進不進財、財多財少。再其次是流月所管當月進財的規模大小。這三種運氣配合好了，人的財富才會積存變多。少了一種運氣都有變化不同。

人在發生金錢危機時，最想知道的是什麼時候才會改運變好，及有錢進來。只要打開自己的命盤看一看，下一個財星居旺、運星居旺的宮位在那裡，數一數，差幾個宮位，就知道是要等多久，是等一個月、二個月，還是三個月了。有關這方面的看法，**請參考《紫微賺錢術》、《紫微改運術》、《如何掌握旺運過一生》這幾本書，可以明瞭錢財危機的化解方法。**

命理真言

人生第五個危機

人生第五個危機是感情的危機。感情在人生中是一種付出的方式。感情的內容包括很多，有對父母、長輩的感情，有對兄弟姐妹的感情，對男女朋友的感情，夫妻之間的感情，對子女的感情，對朋友、同事、部屬的感情等等。每一種都不相同。

命理真言

人在與他人相處不佳時，感情都會受到傷害。人在生氣、發怒、暴躁時，時常也是因為感情上感覺到受傷害了而形成的。因此感情上的危機便是人生中一個常見的現象。

在本命的命宮中有『羊、陀、火、鈴、化忌』的人，是最容易引起感情危機的人。**另外在夫妻宮中有『羊、陀、火、鈴、化忌、劫、空』的人，**也是最易引起感情危機的人。此外在流年運氣走到衰弱之地，又逢煞星侵擾的人，也容易發生感情危機。

本命命宮中有『羊、陀、火、鈴、化忌』的人，脾氣急躁、愛多想，也愛往壞的層面去想，在情感的抒發上並不順利、喜歡計較、怪罪別人。

夫妻宮是管人內在感情的宮位，如果有『羊、陀、火、鈴、化忌、劫、空』在夫妻宮的人，當然感情上也是不順暢的人，有**『擎羊**

命理真言

星』在夫妻宮的人，內在性格陰險、計較。**有『陀羅星』在夫妻宮的人**，亦然。**有『火星』在夫妻宮的人**，內心暴躁，快發脾氣也快回復正常。**有『鈴星』在夫妻宮的人**，內在性格也是較為陰險暴躁的人。**有『化忌星』在夫妻宮的人**，內在性格常扭曲、混亂、是非顛倒、一會好、一會壞的混淆不清。**夫妻宮中有『地劫』、『天空』的人**，有『地劫』的人，常會在思想上偏向邪佞的，或是傾向於由別人提供有關陰險暗昧的想法，以至於付出感情時，有時是灰色的，有時是陰險計較的方式。**夫妻宮中有『天空星』時**，其人內在性格思想較偏向灰色，不太願意付出，常覺得付出了也沒什麼用。因此在夫妻宮和官祿宮這一組相對照的宮位裡有『天空、地劫』相對照時，常有不婚的人。這也是感情抒發不順利所產生的危機。

有一位朋友的夫妻宮是『天同、太陰、擎羊』。乍看之下有『天同、太陰』又居子宮，原本是個最懂得如何付出感情的感情模式，也應該是個最能享受到親情、愛情及友情的人。**但是有『擎羊星』在夫妻宮中**，這個情況就變了，成為喜歡享受別人對他的關愛，但是自己卻吝嗇付出。當然自己付出得少，回報還會多嗎？另外在他的官祿宮中又是『文昌居陷』來對照夫妻宮，這一下更應驗了『斗數發微論』中那句『林泉冷淡，奸謀頻設』的話了。夫妻宮是對照官祿的宮位，同樣的感情危機也會直接影響到事業危機。事業宮原本就不好，有主星居陷的人，夫妻宮再不好，產生了感情危機，這一生的成就、價值還會高嗎？

人生第六個危機

人生第六個危機是婚姻的危機。在人生中，感情是人由內向外抒發的方式。而婚姻就是人由外往內接收感情的方式。雖然感情和婚姻共

命理真言

同的都是以感情表達的方式為一個智能空間。但一個是出口、一個是進口，而有不同。

有關婚姻的問題，也是看夫妻宮。夫妻宮既然是內心心性原始感情的所在地，當然由這個地方發展出來的傾向，就直接主導了你選擇對象，與之有結婚關係的人了。

有一些夫妻不和的人，常會問我說：『難道我就是這個離婚命嗎？』當然不是囉！會不會離婚？是你的選擇。有很多夫妻不和的人也不會離婚。就像『廉府坐命』的人，夫妻宮是『破軍』，有些人離了又結，有些人也並不見得離婚。只要彼此能忍受，就可以不以離婚收場了。

通常，夫妻宮中有煞星，像『破軍』、『巨門』、『七殺』、『貪狼』、『擎羊』、『陀羅』、『火星』、『鈴星』等的人，會在流年運程較衝動火爆的時候，一激動便離了婚。有時也會後悔自己的衝動。但時間久了就會忘卻。因此在婚姻危機中最危險的，事實上就是『衝動』二字了。

婚姻危機中最常見的就是夫妻不和。前面也說過，夫妻宮所展現的主要是感情付出的方式與接收的方式。倘若夫妻宮中有煞星存在。就是感情付出的方式不好。並且也表示你在選擇接受你情感託付的對象時，也有一些不好的顧慮。既然如此，為什麼還要怪別人，應該先從自己著手來改善婚姻感情的危機才是。

有一位朋友的夫妻宮是『擎羊』，他的太太也真是臉瘦削、下巴尖，命宮是『擎羊星』的人。這位朋友常來訴苦說，他的太太管他很嚴，凡事都要計較，每天搜查他的口袋，只能放二百元在口袋之中，多餘的便沒收。也不許他和家人多來往，讓他心裡很苦，問說有什麼方法可以改善？

命理真言

我問他說：『當初你是看上她那一點才會娶她的呢？』

他說：『我當初覺得她很聰明，又會出主意，可以在工作事業上幫我忙。』

我說：『這就對了！人會有那些優點，也就會有另一些缺點。這也是你在內心感情上的計較方式。那還有什麼可怨的？』

『擎羊』在夫妻宮的人，其人財帛宮一定有『陀羅』。會選擇具有『擎羊』性格的人來做配偶是天經地義的事。這也是相同性格相吸引的人。夫妻宮具有『擎羊星』的人，在感情付出很計較，常懷疑別人付出情感的多寡，也常防著別人背叛，否則他會先下手為強，先行背叛。這和『擎羊』坐命宮是具有相同性格屬相的人，所以不娶她娶誰呢？

夫妻宮有『七殺星』的人，對感情很直接乾脆，敢愛敢恨、愛恨分明。他覺得別人也應該和他一樣，不要婆婆媽媽、拖泥帶水。在感情付出的方式上很直接，有時不太顧慮別人的感受。因此他在選擇配偶時，也會以不麻煩的人為對象。但感情總是需要有良好的表達方式來維繫的。也因此只要注意這個問題，婚姻危機便會解除。

夫妻宮中有『破軍星』的人，因為自身都比較保守，因此會喜歡選擇開朗、不計較的人。但常常看走了眼，結婚以後發覺兩人個性不合，價值觀的差異很大，配偶原來是個這麼浪費、耗財的人。所以兩人的婚姻危機都出現在價值觀上。

在處理婚姻危機方面，《紫微改運術》、《如何掌握的桃花運》、《好運隨你飆》三書中，有對婚姻危機做詳細分析，可以參考。

人生第七個危機

人生的第七個危機是交友的危機。人在與朋友、同事、同輩人、

命理真言

部屬的感情產生互動關係，其實也源自於內在感情。也就是原存在於夫妻宮的感情模式、釋放出的感情因子在僕役宮得到了接受成果。**也就是說僕役宮（朋友宮）是一個接收站。而子女宮是另一個接收站。**

有的人會奇怪，為什麼有的人會夫妻宮好、僕役宮不好。或者是夫妻宮不好，而僕役宮卻很好？當然也有人兩者都好，或是兩者都不好的。夫妻宮好、朋友宮不好的人，是性格行為保守的人。他們對外人不相信，比較相信自家人，來往的人際關係比較拘限在較親密的親屬關係之中。其本人也較沒有自信會交到好朋友。同樣的，他們看人的眼光比較差，容易結交到性格、品行與自己差異較大的朋友。

夫妻宮不好，而朋友宮好的人，是性格上有些虛假的人，很適合跟人保持適當的距離，在見面時，又能與人親密的哈啦、寒喧。本來夫妻之間的感情便和朋友之間的感情不一樣。夫妻之間是朝夕相處，真情流露的感情，一下子便能顯露出其人心底的秘密來。而朋友之間的感情，是稍有一點距離的感情。這兩種感情是不能混為一談的。

夫妻宮好、朋友宮也好的人，是真正真心誠意待人的人。就像是『太陽坐命』子、午宮的人，廉殺坐命丑宮的人，只要『命、財、官』等三合方位和夫妻宮、朋友宮全都沒煞星在內，就會是個做人實在，又有人緣、受人敬重的人。

夫妻宮和朋友宮都不好的人，是不知道怎麼對人，也不知道怎麼做人的人。因此常得罪人。有時候他們常覺得自己付出得很多、卻得不到別人在感情上的回報。這種在感情上計較的方式，也是最不能得到自我反省的機會。因此情況就愈來愈糟。交友的危機也愈來愈大。其中最常見的就是『紫破坐命』的人和『武破坐命』的人。

交友的危機真要解決，只有從選擇朋友開始，並且要自省自己的感情與性格的趨向，不隨便怨人，不貪小失大，肯體諒別人，從新建立起與朋友的關係，有關交友危機的解決方法。**在《紫微成功交友術》、《紫微面相學》、《看人過招三百回》中都有詳細分析，讀者可以參考。**

命理真言

人生第八個危機

人生的第八個危機是傷災的危機。人在一生中無傷無痛的，真是太少了。有的人更是傷災連連，久了習慣了，也不怕痛了。可是傷災太嚴重會危及生命。有的傷災會造成人身體殘缺，影響人一生的命運，這真是太可怕了。而且傷災純屬破耗、醫藥費也會可觀。某些因重大車禍所造成的傷災、治療，常會拖累家人的經濟，使家庭陷入恐慌的危機之

命理真言

中。

無論車禍血光、火災、燙傷、水厄等災禍都會出現在命盤格局之中，因此每一個人都最好把命盤帶在身邊，常常拿出來看一下。或者把命盤牢記在心中。把每年的具有傷災危險的日子標出來，時時警惕自己。

有一回我自己發生了車禍，傷及膝蓋骨，至今還無法完全好清。有人笑我說：算命師自己會算，怎麼還算不到自己有血光之災呢？**並不是算不到，是老早算了**，不過沒有常常拿出來複習，自己給忘了。只好忍受傷痛，以做永久的警惕了。不過因為這件事，我倒是深切的體會出一件事出來。往往人在要犯血光、要出事時，心情是急躁的，彷彿在冥冥中有一種力量，把你推向那個出事的地點。

血光問題會發生，在時間上也具有一個先決條件，就是在流年、流月、流日、流時，其中三個因素湊在一起，也就是三度逢合時，就會發生。很多人是流年不好，流月、流日、流時，又逢到『羊刃』、『化忌』等星。就會遇到血光之災了。另外有『破軍』、『七殺』和年、月、日、時中的『羊刃』三重逢合，也會有血光。

像火災的受難者，則會有『太陽』、『廉貞』、『紅鸞』、『火星』、『天刑』、『擎羊』等星混合在流年、流月、流日、流時之中，等到時間上形成一個三合角度或十字型角度的交集點時便會爆發。

有人問我，被電擊受傷的人，怎麼看血光呢？電屬火，仍是屬於火災的部份。必是會有『太陽』、『火星』、『紅鸞』、『擎羊』同宮或對照的流月、流日、流時會發生的事。找到這個日子，並且是從事這種電力工作的人或雨天在戶外森林、水邊遊玩逢閃電的人要小心。另外，命格中有火災格局的人，也要精算流年、流月，注意自己所處場所的安全，便可防範。**有水厄格局的人**，在容易發生的年、月、日，勿近水邊，也可以躲。**曾發生過車禍傷災的人，深切的記住發生日期**，在每一年經過這個日期的前後，再多小心，也可平安度過。

人生傷災的危機，在《紫微改運術》與《吉人天相保平安》、《紫微命格論健康》等書中都有詳細避難解災的方法，請讀者參考之。

人生第九個危機

人生第九個危機是病痛的危機。病痛的危機就是健康的危機。有的人身體本質好，一生很少感覺到病痛以及健康的威脅。而有的人，身體本質弱，一生與醫院結下不解緣，進進出出習以為常。**健康的問題，在命盤中的疾厄宮都會顯示出來。**並且也會顯示身體較弱的部份。平常

命理真言

尚沒感覺出有病痛的人也該多留意疾厄宮所顯示的身體較弱的部位，以資預防。

疾厄宮與父母宮對照，父母也是生養我們的人，因此也具有遺傳的因素。很多疾厄宮不好的小孩，父母宮中又有煞星存在，是有先天本質不好，很難養活的狀況。若是疾厄宮還不錯，父母宮不佳。其人的生命力也不會太良好。難以得到高壽。

與疾厄宮在三合照守的兄弟宮、田宅宮中的煞星也不能太多，這也會有礙健康。

在流年上行『七殺運』、『破軍運』的人容易開刀，若加『擎羊星』更驗。

在病痛的危機上，《紫微改運術》、《吉人天相保平安》、《紫微命格論健康》等書中也可幫助你找出問題的癥結。

人生第十個危機

人生第十個危機是死亡的危機。死是人生最恐懼、最害怕的事情了。並且在許多人的觀念上總以為是很遙遠的事，並且會說：『沒那麼倒霉吧！』於是就有許多人莫名其妙的被消耗掉了。

現在談這個死亡的危機，主要是提醒一些人要小心，不要不該死而死了。

每年人類經過車禍、傷災、自然災害、劫殺等狀況，在年紀還沒老，就死亡的不在少數。真是那一天不死人呀！但是我們要警惕這種不吉的事情不要發生在自己的四周，便要用心看一件事情。那就是看命盤中『擎羊星』在那一個宮位上，是不是流年、流月、流日會遇到它？在遇到它的日子、時間（時辰）要特別小心，不要外出，或在那個時辰不

命理真言

要在路上行走，以測安全。生病的人，也特別要小心『擎羊』所在的流月、流日、流時。三度重逢『羊刃』，便是生命結束的關鍵時間。

有『羊陀夾忌』惡格的人，更要小心劫匪的問題，注意自身的安全，請運氣好的家人和朋友陪伴渡那個流月、流日。每一個人能掌握自己命盤中羊刃的日子，就是掌握了死亡的危機。**在《紫微改運術》及《吉人天相保平安》二書中，都有躲避危機的方法，請讀者參考之。**

如何推算大運流年流月
如何尋找磁場相和的人
如何用偏財運來理財致富

第二十章　命理學與宗教的相互關係

占卜之學起於上古，是要與天上的神明取得溝通，因此產生了占卜學，古人將之刻在甲骨上記載，因此成為甲骨文。這就是最早命理學開始的源頭。在說文解字敘中也有這麼一般記載：

『敘曰：古者庖犧氏之王天下也，仰則觀象於天，俯則觀法於地，視鳥獸之文與地之宜，近取諸身，遠取諸物，於是始作易八卦，目垂憲象。』

易、八卦也都是命理學開始的起源。但這個起源是由天象與大地的環境所塑造出的，因此命理學也具有科學上的起源。

由上列的現象看來，命理學和宗教在人類的文化史上佔有密不可分的重要地位。但是經過許多朝代的演變，宗教的力量愈來愈大，地位也愈來愈高。而命理學在歷經各朝代的演變之後，卻反而愈見勢微，流於九流之末。

命理學始終都是依賴宗教而生存的。我想這有幾個原因。第一：算命師由上古時期地位崇高的占卜祭師，漸漸流落到民間與乞丐般同等的地位。時代的變遷，不依賴佛道等宗教也無法生存。**第二：**傳習命理學的人也多半是佛、道界中的宗教人士。**第三：**是最現實的問題。一般苦海大眾，命格都不高，又會常遇災難，要安慰這些受苦的人，必須以宗教性的精神思想使其將性靈昇華，來應付眼前的苦痛。**第四：**古時的算命者多學習醫理，而寺廟中也有為人看病施藥的服務，因此窮困的命相師也會寄居寺廟為人看病。

命理真言

現代二十世紀的命相師雖已脫離了古時候那樣窮困潦倒、尷尬的處境。但為什麼還依然依附著宗教而不肯自立呢？這當然也有許多個中原由。**第一：**現代的命相者常以信佛、學道、坐禪、冥想等方式來表示自己的清高慈善。**第二：**現代的算命師也會用宗教來為自己背書，增加自己的信用度。**第三：**現代的算命師必須接近信徒廣大的宗教團體，客源較多。第四：現代的算命師會利用宗教的神秘感來輔助自己，使來算命求教的人相信，其人具有靈動、超能力的特異力量。

我們可以由許多社會現象中看到上述四種原因的存在。

現在已即將進入二十一世紀了，宗教的發展，不論是在理論與精神方面的人文發展已十分強大了。而命理學為什麼還不能獨立、自立起來呢？命理學同樣具有天文、地理、人文上的科學根據，卻要匍伏於宗教的腳下，靠宗教的虛幻世界來紋飾某些算命師口中所說，但卻實際做不到的特異功能，這就是命理學始終爭不了氣的地方。

命理真言

幾千年來算命師的地位低落與素質低落也是命理學發展的主要障礙，現在的命相師再怎麼學，也只有靠一些古書的流傳和幫忙。但是又有幾位命相師能看得懂古文、文言文？又有幾位命相師去研究了這些書籍呢？大多數的命相師都是江湖派，所跟隨學習的老師也是江湖派，以訛傳訛。倘若不用一些技法，一些神佛之說，又如何能應付生存呢？就因為如此，社會上以算命、改運、以神佛之意而斂財、迷姦的事情層出不窮，一顆老鼠屎壞了一鍋粥！真讓我們為這些矇矇大眾嘆息，也為『命理學』嘆息！

近年來東方諸如日本、台灣、新加坡等地都有許多人士將命理學用之於經濟管理、企業經營、軍事博奕、遊戲、體育競賽、房屋建築以及未來學中，更有人將易經用數字公式列出，可見命理學包含甚廣，已經成為人文科學與自然科學中可應用的實體研究了。

最近我收到一位任教於新加坡大學的先生的來信，他們在新加坡

命理真言

大學中成立了一個應用易學研究所，想要發展命理學中具有科學內涵的理論系統，將命理學推上學術化、科學化、現代化和國際化的舞台。並且摒棄佛教中的因果報應論、道教中的符咒、茅山術、和解夢、扶乩、跳神、特異功能、催眠術等法術。專以科學理論為依據。並且他們要出版研究報告的刊物。

得到這個消息，讓我十分振奮，沒想到算命十分昌盛的台灣做不到的事，居然在新加坡有人做了，並且還結集中國大陸等地的同好，一同來幫喜好算命的中國人做出追求命理學的最高境界。更高興於命理學終於可以和宗教分家了，可以完完全全的走自己的路，更可以擠身於現代科學中的一門。如此，以後誰還有藉口假算命之實，行詐騙之事呢？有了科學理論作根據，誰還能將命理學和迷信混為一談呢？

因此，我再次的申明：真正的命理學是應該與宗教劃清界線的。

對你有影響的

昌曲左右

法雲居士⊙著

在每個人的命格之中，文昌、文曲、左輔、右弼都佔有重要的位置。昌曲二星不但是主貴之星，也直接影響人的相貌、氣質和聰明度，更會為你的人生帶來不同的變化和創造不同的人生。

左輔、右弼是兩顆輔星，助善也助惡，在你的命格中，到底左輔、右弼兩顆星是和吉星同宮還是和凶星同宮呢？到底左右兩星有沒有真的幫忙到你的人生呢？

星曜特質系列書包括：『殺、破、狼』上下冊、『羊陀火鈴』、『十干化忌』、『權、祿、科』、『天空、地劫』、『昌曲左右』、『紫、廉、武』、『府相同梁』上下冊、『日月機巨』、『身宮和命主、身主』。此套書是法雲居士對學習紫微斗數者常忽略或弄不清星曜特質，常對自己的命格有過高的期望或過於看輕的解釋，這兩種現象都是不好的算命方式。因此以這套書來提供大家參考與印證。

第二十一章　命理學正常化發展的未來成果

命理學演化至今已經幾千個年頭了，與一些同好聊起來，大家都說：命理學的昌盛好像是近幾年的事。

其實我不以為然。每一個時代都有每一個時代的人，正默默為命理學出貢獻，默默傳承，要不然就不會有宋朝的邵雍（康節先生）、理學大師朱熹所寫的陰陽五行說，以及近代寫子平粹言的徐樂吾及袁樹珊、韋千里這些人的出現。前朝某一些精於命理的行家，可能由於年代

命理真言

久遠，所寫的東西、理論失傳了。有些則可能沒有留下文字方面的記載。不過呢，僅其現有留存下來的命理古藉也夠我們後代子孫好好研究學習的了。

從歷史的角度來看，命理學在每個朝代，都因當時的需要而有變化精進的研究。時至今日，已步入科學昌明的時代，命理學在很多方面也仍然符合現代人生活的需求，它包括了現代建築中所需要的風水學，包括了企業經營、經濟管理所需的中庸之道、升降起伏的運氣學，面相學、賺錢術。控制管理，更包含了方位學、數理等等。

因此，現代的命理學，在這個時代發展，不但是順應了時代上的需求，也應合了科技層面的理念。最早發明製作電腦的是德國人Leibniz Giw，他就是從中國易經中的陰、陽，發現了0與1的二進位原。電腦至今仍是以二進位控制內部的運作。而以十六進位做輸出輸入

命理真言

的周邊裝置。可見命理學對現代人生活的影響力了。

近來命理學頻頻傳出好消息，新加坡大學的教授成立了應用易學研究所，香港、北京的大學中有人正對命理學做專題研究。我想在中國人的世界裡，命理學已愈來愈受到重視了。只要命理學脫去迷信及宗教的外衣，好好的專注於自己實際的科學理論，命理學術化的時代就已形成。這是每一個從事命理工作者所應該致力擔負起的責任。並且命理學在大學中生根發芽，我們更希望它能茁壯成蔭，希望在不久的將來，在中國人的大學之中，就有專門研究命理學的科系出現。這不但是我對命理學術化的期待，更是對中國人的期待，因為八元一運就是屬於東方人的運氣了，是中國人揚眉吐氣的運氣，我們為什麼不好好利用這個老祖宗留下來給我們的瑰寶，好好發揮應用，創造更富強，更先進的國家呢？

對你有影響的

羊陀火鈴

法雲居士⊙著

在每個人的命盤中都會有『羊、陀、火、鈴』出現，這些星曜其實會根據其本身特質來幫助或影響命格，有加分、減分的作用。

『羊、陀』並不全都不好。『火、鈴』也有好有壞，端看我們怎麼運用它們的長處，和如何抵制它們的短處，就能平撫羊、陀、火、鈴的刑剋不吉。以及利用它們創造更高層次的人生。

星曜特質系列書包括：『殺、破、狼』上下冊、『羊陀火鈴』、『十干化忌』、『權、祿、科』、『天空、地劫』、『昌曲左右』、『紫、廉、武』、『府相同梁』上下冊、『日月機巨』、『身宮和命主、身主』。此套書是法雲居士對學習紫微斗數者常忽略或弄不清星曜特質，常對自己的命格有過高的期望或過於看輕的解釋，這兩種現象都是不好的算命方式。因此以這套書來提供大家參考與印證。

第二十二章　異性桃花緣份與浮氣淫事造成不同的人生

近來，某藝人之夫，又是美容整型醫師的人物總被狗仔拍到出軌行跡，大家都很好奇這桃花多到底是好、還是不好呢？

其實，從命理的角度來講：命理中有『桃花滾浪格』。當人有此格局時，便不由自主的會被桃花牽著走，有時他自己也不知道自己在幹什麼。

通常，桃花太強的人，一定會影響事業。不是事業做不長久，就是功虧一潰。再則因桃花傷身或身敗名劣。通常能考上醫學院，能成為醫生的人，成績都不錯會高人一等，而且命格中能有主貴的機運，也就是『陽梁昌祿』格的機運。但桃花過多時，會毀壞了此機運，其人會變得向財，但桃花過強的人也容易財來財去一場空。因為賺桃花財的人就像得偏財運的人一樣，是會暴起暴落而財來財去很快的。這也完全影響了其人的人生架構及一生的運程了。

到底人為什麼會形成這種桃花格局呢？

其實這個具有桃花格局的人本身也很無辜，因為他被生為這個時間、這個命格的人，因為自己被生出來是沒辦法選自己想要的時間的，你只能就你能擁有的生命來展現才華，實際上就被限制住了。同樣的，命裡桃花少的人也是因為八字中缺桃花或財少，而形成如此格局的，亦可能不婚或結不了婚，而人生寂寥。

『生辰時間』的特殊條件形成此種『桃花格局』

其實我在《如何掌握桃花運》一書中有詳述這種狀況。

例如：凡是在八字上以年干見日、時為準。

有：甲見午、乙見申、丙見寅、丁見未、戊見辰、辛見酉、壬見子、癸見申等為有『紅豔煞』的人，多長相嫵媚、風流多情、秋波流轉。

年　甲□

月　□午

日　□午

時　□午

命理真言

年	乙□
月	□申
日	□申
時	□申

凡是寅午戌年生人，納音屬火，見卯月日時。巳酉丑年生人，納音屬金，見午月日時。申子辰年納音屬水，見酉月日時，亥卯未年生人納音屬木，見子月日時。是為咸池，亦為『桃花煞』。

年	□戌
月	□卯
日	□卯
時	□卯

年	□丑
月	□午
日	□午
時	□午

年	□辰
月	□酉
日	□酉
時	□酉

年	□未
月	□子
日	□子
時	□子

時	日	月	年
□	□	□	□
卯	卯	卯	寅

時	日	月	年
□	□	□	□
卯	卯	卯	午

時	日	月	年
□	□	□	□
午	午	午	巳

時	日	月	年
□	□	□	□
午	午	午	酉

時	日	月	年
□	□	□	□
酉	酉	酉	申

時	日	月	年
□	□	□	□
酉	酉	酉	子

時	日	月	年
□	□	□	□
子	子	子	卯

時	日	月	年
□	□	□	□
子	子	子	亥

命理真言

其他還有『遍野桃花』及『咸池陽刃』

我猜想這位醫生很可能是甲寅年生人，八字月日時支上有午、卯等字，是『桃花煞』、『紅艷煞』、『咸池陽刃』集其一身的人，因此要小心水火相沖之年會有災。

命理上看桃花問題也要看田宅宮

田宅宮是人福德上之財庫，是金錢享用之財庫，也是身體內藏精力之財庫。男性田宅宮好，精力充沛，是不需要吃威爾剛來助陣的。相對的如果田宅宮有桃花星『咸池』、『沐浴』、『紅鸞』、『天姚』、『文昌』、『文曲』、『左輔』、『右弼』、『天魁』、『天鉞』等和『破軍』同宮，即為『桃花耗』。就會產生傷害身體健康及耗財的狀況了。

總而言之，桃花有一點，是算人緣桃花，有利生財的機會，如果過多，即會耗財，也不利人生和事業上的發展，人生終究是一場空的。

命理真言

女子桃花少，不易結婚，要先看田宅宮及子女宮的問題

女子若田宅宮不佳，子宮一定較弱或有問題。要先去看醫生及治療。子宮不好能分泌的女性荷爾蒙也少，自然異性緣不強。月經太少或一年沒來幾次的人之年輕女子，要小心更年期提早到來。這些身體上的問題在八字上或紫微斗數上都會一清二楚的，如果還年輕，就來得及改善，趕快找醫生治療，中醫西醫都可以。拖太久就無法改善了。桃花少、沒結婚也都屬於命中傷剋問題，也都是人生不美滿的原因，因此不能太忽視此問題。

對你有影響的

天空、地劫

法雲居士⊙著

『天空、地劫』在每一個人的命盤中都會出現，它們主宰著在人命中或運氣中一些『空無』的、不確定的事情。『天空、地劫』都是由人內在思想所產生的觀念所導致人的行為偏差，而讓人失去機會和運氣，也失去錢財和富貴。『天空、地劫』若出現於『命、財、官』之中，也會規格化與刑制人命的富貴與成就。『天空、地劫』亦是人生中有漏洞及不踏實的所在，你也可藉此觀察自己命運不濟及力不從心之處。

星曜特質系列書包括：『殺、破、狼』上下冊、『羊陀火鈴』、『十干化忌』、『權、祿、科』、『天空、地劫』、『昌曲左右』、『紫、廉、武』、『府相同梁』上下冊、『日月機巨』、『身宮和命主、身主』。此套書是法雲居士對學習紫微斗數者常忽略或弄不清星曜特質，常對自己的命格有過高的期望或過於看輕的解釋，這兩種現象都是不好的算命方式。因此以這套書來提供大家參考與印證。

第二十三章　長壽的摩羯座之謎

最近台灣衛生署發佈了摩羯座的人最長壽，其次是水瓶座與天秤座的人。而且牡羊座、巨蟹座、雙子座的人是較易有意外消耗生命，也是算較不長壽的人。

這項新聞其實在命理學上有依據，在科學也有其依據的。因為台灣在中國的東南方，在地理位置上屬木火之地。而摩羯座是冬天生的人，天秤座、水瓶座的人也都是秋冬生的人，他們生在台灣木火之地，木火正是他們的喜用神之偏好。命中要火，是喜神得用，自然長壽了。

而牡羊座、巨蟹座、雙子座的人是夏日所生之人，夏日炎炎，火炎木槁，缺水恐急。夏日生的人，多有暴發運，但火多欠水，也易身體不佳、腎臟及眼目不好，更容易有車禍、血光意外傷災發生。因此容易折損及壽短，是被刑剋的關係，台灣得腎臟病的人也多半屬於這種星座的人。

如果牡羊座、雙子座、巨蟹座的人到歐美國家去，或到中國大陸的北方、西方生活，自然也會長壽及災少。

而摩羯座的人、天秤座及水瓶座的人，如果到歐美或至中國大陸北方、西方去，因金水相生、水多木漂，或土漂，也會身體不佳及壽短、多災的。

這就是人所處的方位不同而有吉凶命運之故了。因此，人要待在適合自己的環境中生活，人生之成就也會變大。就像李登輝先生是摩羯座的人，在台灣能長壽及做總統，如果一直在日本或美國生活，便無法做總統，也不見得能長壽了。

第二十四章　災難刑剋的干支年份

二〇〇八年，戊子年的上半年，大家都過得有些辛苦。首先，四川大地震令人震驚接著，日本也有劇烈的地震，歐美、澳洲有洪水及大冰雹之天災。在台灣則有腸病毒肆虐，奪走了幾條小生命，令人不勝唏噓。大家在惶恐之餘，也許都沒想到：這種種的天災人禍都和年月時間及時序有沖剋的問題而形成的吧！

台灣地處亞熱帶，某些命格出生在夏天，或命格形成寅、午、戌會火局的人（生在農曆一月、五月、九月形成火局的人），命格缺水嚴重，就最怕碰到『戊』年。因為戊土會蓋住水而造成人之災難、病災或天災人禍，而導致不幸！

首先談腸病毒的問題

腸病毒是聞之令人色變的病症，就連日本的公主愛子都逃不過而染上此疾病。據醫生說：腸病毒沒有藥可醫治，只有用支持療法靠患者自己的免疫系統來逐漸康復。**愛子的疾厄宮是『廉貞、天府、擎羊』**，自然是有脾胃、大腸及腎虛的毛病。因此易得腸病毒、易感冒、脹氣這些問題會常發生。還好她地位顯赫，會有技術高超的良醫治療她，不過也經過一翻折騰，受苦不少。

在一般的人家裡，特別要注意家中小朋友的八字是否火土多，是否疾厄宮有五行屬土的星，如『祿存』、『紫微』、『天府』、『天梁』、『左輔』、『火星』、『鈴星』等的星曜，有『巨門』也不好，要小心消化系統的病症，自然也要小心腸病毒了。**有屬土的星在疾厄宮容易有腎臟虛弱及免疫系統的問題，如遇火土之年，即會引發病變。**

命格火土重的人，宜多吃白蘿蔔、冬瓜及綠色新鮮蔬菜，不宜吃太多肉類，要好好保養身體，免疫能力才會增強。

年、月、地支沖剋及四柱中有土、木相剋狀況時容易有地震

我們常發現每次有災難的時候都是年、月、日、時等四個『時間標的』有問題的時間點。

例如四川大地震在二〇〇八年五月十二日下午兩點多，換算成四柱為：

戊子
丁巳
壬子
丁未

你會發現『子巳相刑』，『子未相穿』，而且天干上『丁壬爭合』要化木不成，但有化意，與戊土相剋。因此是十分嚴重的刑剋時間。

我們再看九二一大地震時，農曆四柱為：

己卯
癸酉
丙子
己丑

九二一地震發生時間地支年月『卯酉』相沖剋，『子卯』也相刑，『子丑』雖可相合化土，但敵不過『卯酉』相沖的力量。更何況天干上都是薄土，地支上又有酉丑會金局。自然屬於災害的時間。

命理真言

二〇〇四年十二月二十六日南亞海嘯，其農曆四柱是：

甲申
丙子
己卯
戊辰

南亞大海嘯發生時間有月支與日支『子卯相刑』，有『戊己土』出干與年干『甲木』相剋，地支『申子辰成水局』，上下水土相剋。

舉凡時間上刑剋多的多易有災。以此僅供大家參考了。

第二十五章　『暴發運格』須遇吉神而發

某些朋友都會覺得，這偏財運呀！常在你不注意的時候就爆發了，而你正需要它時，它就怎麼也不發！最近股災及金融風暴，很多人都在財富上失血很多。於是特別對偏財運的『發運』認真起來。

自從我寫了幾本有關偏財運的書，算是稍微對『偏財運這種人生格局』有了一點認識及研究，再經過算命時所遇到各種偏財運的特殊狀況，因此大概知道了『偏財運有時發、有時不發的原因。』

命理真言

就像兩千年時的庚辰年，很多具有『武貪格』的人，有的有發，有的沒發！戊子年的『火貪格』或『鈴貪格』也會有人能發，也有人發不了。

偏財運不發的原因有下列幾種：

1 大運和時運不配合

我們都知道，如果偏財運格中在『大運、流年、流月』三重逢合，就有人一生中最大一次偏財運。這也是該人一生中最大的旺運。凡是偏財運都是很旺的旺運運程。所以在暴發運將爆發的時間前後賠錢，就表示這段時間運氣很低落，這偏財運的旺氣大概是起不來了。

所謂的時運包括流年運程和流月運程，大運好流年不好，這一年未必會發。大運不佳而期望流年來爆發大偏財，這也是極不可能的事。很多人一看到自己有偏財格便沾沾自喜了起來，其實每個人的偏財運格局都不一樣，這是其人本命財的內容不一樣，因此若對偏財運期望過高，失望也是最大的！

另一種的大運和時運的不配合就是：流年的干支和你喜用神相宜的干支有相剋或抵制作用。**例如你的喜用神要水的人**，而偏財格所逢之年份為土年或火年，這當然不一定會發了，或是發得小了。

命理真言

2 命中財少、偏財不旺

真正要看人命中的財要從八字上來看，自然要看偏財運容不容易爆發，也要從八字上來看的。例如某人的八字上只有一個偏財的話，就

命理真言

要待運而發，也就是說要等到大運好的時候，及走到喜用神當道的大運時就會大發。基本上要八字上有兩個偏財才會大發，算是真正有偏財運的人。

※紫微斗數是從八字學中出來的，紫微斗數中的偏財格局有些是徒有格局形式，但不一定真能帶有財，必須八字中再有財星確認有財才行！

某些人本命財少，八字中四柱不見其他財星、只有一個偏財在支上含用之中，這個人如果想要靠偏財運來大發利市，真是要等很久了！也未必會發。

常常我在論命時看到：很多本命財少的人卻心大膽大，常買股票期貨想賺大錢，往往人算不如天算，股市突然動盪，欠下數千萬元的債務，繼而在自做聰明的想藉由偏財運來還欠債，結果自然是無法如願的。

命理真言

命中財少的人或命理格局是財多身弱的人都難中大獎

我也常看到許多有偏財運的大老闆每隔六、七年就一翻、兩翻，事業愈做愈大。也有一些每天抱著自己命盤斤斤計較計算爆發偏財運的人等了很久，終究沒發。所以呀！偏財運要發時，它自己會發，如果太迷信偏財運，正事不做，專想靠偏財運發一票的人，結果總是不如理想的。

機月同梁格會主宰你的命運
紫微斗數全書原文版
紫微斗數格局總論

對你有影響的

日月機巨

上、中、下冊

法雲居士⊙著

『太陽、太陰、天機、巨門』在每個人的命盤中都有這四顆星，這四顆星在人命格中具有和前程、智慧、靈敏度、計謀、競爭、感情，以及應得的故定財祿有關的主導關係。

其實你也會發現這四顆星，不但一起主宰了你的情緒智商，同時也共同主宰了你的前途命運及一生富貴。

中冊講的是『太陰星』在人生命中之重要性。太陰代表人的質量，代表人本命的財，也代表人命中身宮裡靈魂深處的東西。

『太陰』更代表你和女人相處的關係，以及你一輩子可享受的錢財，因此對人很重要！太陰又代表月亮，因此月球對地球的關係也對地球上的每個人有極大的影響力。

下冊講的是『天機星』和『巨門星』在人的生命中之重要性。

『天機』代表智慧、聰明和活動的動感，以及運氣升降的方式和速度。

『巨門』代表人體上出入口之慾望，也代表口舌是非，巨門是隔角煞，是人生轉彎處會絆礙你的尖銳拐角。

『天機』與『巨門』主宰人命運的成功與奮發力，對每個人也有極大的影響力！

星曜特質系列書包括：『殺、破、狼』上下冊、『羊陀火鈴』、『十干化忌』、『權、祿、科』、『天空、地劫』、『昌曲左右』、『紫、廉、武』、『府相同梁』上下冊、『日月機巨』、『身宮和命主、身主』。此套書是法雲居士對學習紫微斗數者常忽略或弄不清星曜特質，常對自己的命格有過高的期望或過於看輕的解釋，這兩種現象都是不好的算命方式。因此以這套書來提供大家參考與印證。

算命智慧王

法雲居士⊙著

《算命智慧王》一書的內容主要是將算命此行業的業務內容做一規範作用，好讓消費者與卜命業者共同有一可遵循的模式，由此便能減少紛爭。

世界上愛算命的人口多，但只喜歡聽對自己有利之事，也只喜歡聽論命者說自己是富貴命，常有命相師會投其所好而斷之，等到事情沒有應驗而又怨之。

此書讓大家了解算命該怎麼算？去問問題該問些什麼？究竟命理師該告訴你些什麼呢？如果算命結果不如你願時還要不要再繼續找人算呢？

有關算命的問題都在這本書中會找到答案。

暴發智慧王

法雲居士⊙著

大家都希望自己很聰明，大家也都希望自己有暴發運。實際上，有暴發運的人在暴發錢財的時間點上，也真正擁有了超高的智慧，是常人所不及的。

這本『暴發智慧王』，就是在分析暴發運創造了那些成功人士？暴發運如何創造財富？如何在關鍵點扭轉乾坤？

人可能光有暴發運而沒有智慧嗎？

如何才能做一個真正的『暴發智慧王』？

法雲老師用簡單明確、真實的案例詳細解釋給你聽！

紫微斗數精華篇

法雲居士⊙著

學了紫微斗數卻依然看不懂格局，不瞭解星曜代表的意義，不知道命程形局的走向，人生的高峰時期在何時？何時是發財增旺運的好時機？考試、升職的機運在何時？何時才會交到知心的好朋友？
一生到底能享多少福？成就有多高？不管問題是你自己的，還是朋友的，
你都在這本書中找得到答案！

法雲居士將紫微斗數的精華從實用的角度，來解答你的迷惑，及解釋專有名詞，讓你紫微斗數的功力大增，並對每個命局瞭若指掌，如數家珍！

賺錢工作大搜查

法雲居士⊙著

在命理學中，人天生是來『賺錢』的！人也天生是來工作的！
但真正賺錢的工作是由『命』來決定的！
『命』是由時間關鍵點所形成的氛圍，及人延伸出的智慧。

因此每個人都有屬於自己專屬的
賺錢之路和工作。

法雲居士用紫微命理幫你找出發財之路，
並且告訴你何時是事業上的高峰，
何時能直上青雲，擁有非凡成就。

對你有影響的

殺、破、狼

上、下冊

法雲居士⊙著

每一個人的命盤中都有七殺、破軍、貪狼三顆星，在每一個人的命盤格中也都有『殺、破、狼』格局，『殺、破、狼』是人生打拼奮鬥的力量，同時也是人生運氣循環起伏的一種規律性的波動。在你命格中『殺、破、狼』格局的好壞，會決定你人生的成就，也會決定你人生的順利度。『殺、破、狼』格局既是人生活動的軌跡，也是命運上下起伏的規律性波動。但在人生的感情世界中更是一種親疏憂喜的現象。它的變化是既能創造屬於你的新世界，也能毀滅屬於你的美好世界，對人影響至深至遠。

因此在人生中要如何把握『殺、破、狼』的特性，就是我們這一生最重要的功課了。

對你有影響的

紫、廉、武

法雲居士⊙著

在每個人的命盤中，都有紫微、廉貞、武曲三顆星，同時這三顆星也具有堅強的鐵三角關係，會在三合宮位中三合鼎立著，相互拉扯，關係緊密、共同組織、架構了你的命運。這也同時，紫微、廉貞兩顆官星和武曲一顆財星，也共同主宰了你的命運！當命盤中的紫、廉、武有兩顆以上居旺時，你的人生就會富足的多，也事業順利、有成就。要看命好不好？就先從你命盤中的這三顆星來分析吧！

星曜特質系列書包括：『殺、破、狼』上下冊、『羊陀火鈴』、『十干化忌』、『權、祿、科』、『天空、地劫』、『昌曲左右』、『紫、廉、武』、『府相同梁』上下冊、『日月機巨』、『身宮和命主、身主』。此套書是法雲居士對學習紫微斗數者常忽略或弄不清星曜特質，常對自己的命格有過高的期望或過於看輕的解釋，這兩種現象都是不好的算命方式。因此以這套書來提供大家參考與印證。

理財贏家非你莫屬

法雲居士⊙著

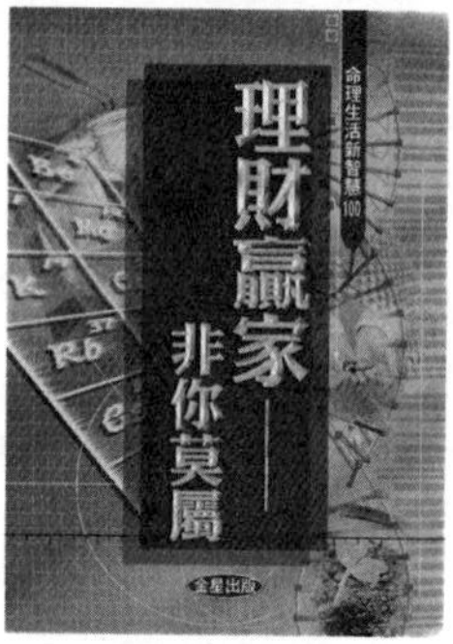

『理財』要做贏家，
就是要做『富翁』的意思！
所有的『理財贏家』都有自己出奇致勝的絕招。
有的人就知道自己的財富寶藏在那裡，
有的人卻懵懂、欠學，理財卻不贏。

世界上要學巴菲特的人很多，
但會學不像！

法雲居士用精湛的紫微命理方式，
引導你做個『理財贏家』從此改變人生，
也找到自己的富翁之路。

如何選取喜用神

上、中、下冊

法雲居士⊙著

(上冊)選取喜用神的方法與步驟。
(中冊)日元甲、乙、丙、丁選取喜用神的重點與舉例說明。
(下冊)日元戊、己、庚、辛、壬、癸選取喜用神的重點與舉例說明。

每一個人不管命好、命壞，都會有一個用神與忌神。喜用神是人生活在地球上磁場的方位。喜用神也是所有命理知識的基礎。及早成功、生活舒適的人，都是生活在喜用神方位的人。運蹇不順、夭折的人，都是進入忌神死門方位的人。門向、桌向、床向、財方、吉方、忌方，全來自於喜用神的方位。用神和忌神是相對的兩極。一個趨吉，一個是敗地、死門。兩者都是人類生命中最重要的部份。你算過無數的命，但是不知道喜用神，還是枉然。法雲居士特別用簡易明瞭的方式教你選取喜用神的方法，並且幫助你找出自己大運的方向。

吉人天相保平安

法雲居士⊙著

天災人禍常常是人類防不慎防的恐懼事件。日本 311、美國 911、台灣 921、南亞海嘯，無論是海嘯、原發幅射、恐怖攻擊、大地震，亦或是精神疾病、傷災、車禍對人的攻擊、侵襲，在在都會戕害人類的生命，傷害人類的肉體、心靈。

在這個混沌的世界裡，要如何做一個『吉人』？吉人自有天相，來保護自己的平安，預先掌握天機。

法雲老師教你趨吉避凶的方法，
教你找到自己的好時間。
來做一個真正的『吉人』自保平安。

致富達人招財術

法雲居士⊙著

『致富』是人生的功課，必須做到最優等。『招財』是人生的目的，也必須全方位面面俱到。但『致富』和『招財』，始終是多數人心中的疑惑與茫然。如何讓『致富過程』與『招財術』成為你一生的快樂法寶，讓你一生不匱乏，富貴永昌的過日子？如何讓『致富術』與『招財術』成為你人生增高的企機？

法雲居士在這本『致富達人招財術』中會清楚明確的提供了發財的方法，和真正『招財術』的技巧。讓你完成『致富達人』速成的絕招！

暴發運風水圖鑑

法雲居士⊙著

『暴發運風水』在外國有很多，在中國也有很多。
『暴發運風水』會因地氣地靈人傑而創造具有大智慧或統御能力的偉人。同時也能創造具有對人類有大功業的名人。更能創造一級棒的億萬富翁。
大家都希望擁有『暴發運風水』來助運，有成就，才不枉到這花花大千世界走一趟。

『暴發運風水』到底是好？是壞？對人多有幫助？且聽法雲老師來向你說仔細，
也為你激發『暴發運風水』，
讓你發得更大，成就更高！

納音五行姓名學

法雲居士⊙著

一般坊間的姓名學書籍多為筆劃數取名法，這是由國外和日本傳過來的，與中國命理沒有淵源！也無法達到幫助人改善命運的實質效果。凡是有名的命理師為人取名字，都會有自己一套獨特方法，就是--納音五行取名法。
納音五行取名法包括了聲韻學、文字原理、字義、聲音的五行來配合其人的命理結構，並用財、官、印的實效能力注入在名字之中，從而使人發奮、圓通而有所成就。納音五行的運用，並可幫助你買股票、期貨及參加投資順利。
現今已是世界村的時代，很多人在小孩一出世時，便為子女取了中文名字、英文名字及日文名字，因此，法雲老師在這本書將這些取名法都包括在此書中，以順應現代人的需要。

八字王

法雲居士⊙著

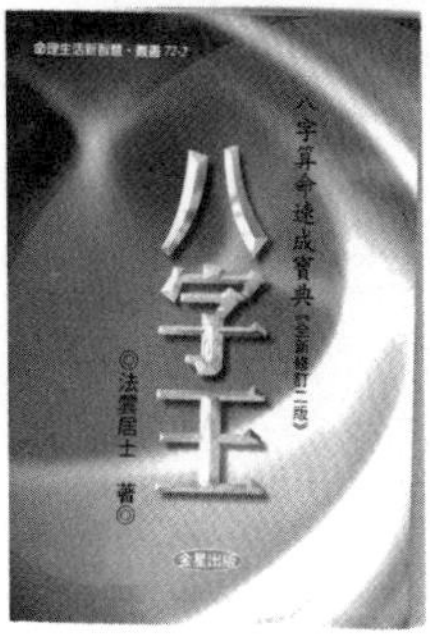

人的八字很奇妙！『年、月、日、時』明明是一個時間標的，但卻暗自包含了人生的富貴貧賤在其中。

八字學是一種環境科學，懂了八字學，你便能把自己放在最佳的環境位置之上而富貴享福。

八字學也是一種氣象學，學會了八字，你不但上知天文、下知地理，不但能知天象，還能得知運氣的氣象，而比別人更快速的掌握好運。每一個人的出生之八字，都代表一個特殊的意義，好像訴說一個特別的故事，你的八字代表什麼特殊意義呢？

在這本『八字王』的書之中，你會有意想不到的、又有趣的答案！

紫微手相學

法雲居士⊙著

這本書是結合紫微斗數的精華和手相學的精華，而相互輝映的一本書。

手相學和人的面相有關。紫微斗數中每種命格也都有其相同特徵的面相。因此某些特別命格的人，就會具有類似的手相了。當紫微命格中的那一宮不好，或特吉，你的手相上也會特別顯示出來這些特徵。

法雲居士依據對紫微斗數的深刻研究，將人手相上的特徵和命格上的變化，一一歸納、統計而寫成此書，提供大家參考與印證！

戀愛圓滿－愛情繞指柔

法雲居士⊙著

愛情是『人』的精神層面之大宇宙。
缺少愛情，人生便會死寂一片，空泛無力。在人生中，你會遇到什麼樣的愛情對手？你的『愛情程式』又是什麼型式的？
是相愛無怨尤的？還是相煎何太急的？
你的『愛情穩定度』是什麼方式的？
是成熟型有彈力的？還是斷斷續續無疾而終的？你想知道『花心大蘿蔔』的愛情智商有多高嗎？在這本書中會有讓你意想不到的噴飯答案。

法雲老師用紫微命理的架構，把能夠讓你〝愛情圓滿〞的秘方，以及讓戀愛對方服貼的秘方告訴你，讓你能夠甜蜜長長久久！

機月同梁格會主宰你的命運

法雲居士⊙著

『機月同梁格』在紫微命理中是非常重要的命理格局。它是一個能使人有穩定工作、及過平順生活的格局。不僅是只能過薪水族生活的格局而已！它會在每個人的命盤中出現，而且各人的格局形式與星曜旺弱都不一樣，代表了每個人命運凶吉刑剋。

此格局完美的人能做大事成大業，能由經年累月累積財富，或由經驗累積而功成名就。法雲老師用自己的經驗和體會，以及長期研究紫微命理的心得寫下此書，獻給一些工作事業起伏不定的朋友們，以期檢討此人生格局後再出發，創造更精彩的人生！

好運一定強

法雲居士⊙著

天下的運氣何其多！
但你一定要最『好運』！
『好運一定強』告訴你：
『正財運』、大筆的『金錢運』、暴發的『偏財運』要如何獲得？如何強起來？
也告訴你：『貴人運』、『父母運』、『上司運』、『交友運』要如何應用？如何納為己用？更會告訴你：『戀愛運』、『配偶運』、『家庭運』要如何能圓滿選對人，而一起榮華富貴。
法雲居士用紫微斗數的命理方式教你利用及保持『好運一定強』的方法！

事業衝鋒、必勝祕笈

法雲居士⊙著

在事業上衝鋒要講究快！狠！準！
但每個人的人生道路都不一樣，人生運氣也不一樣。事業成就有主貴與主富兩條路。
主貴的路途是出大名、掌大權、有高名位。
主富的道路是經營生意、賺大財、為豪門鉅富。雖然每個人都在事業上衝鋒陷陣、拼得人仰馬翻，但人生境遇與結果都大大不同。
事業衝鋒的奮鬥力和人天生的資源有關。
事業衝鋒的成功關鑑點也和人生運程有關。
法雲居士以紫微命理的方式，幫助你推上事業衝鋒的勝戰陣頭上，幫助你創造事業成功的必勝戰績。

對你有影響的

身宮、命主、身主

法雲居士⊙著

在紫微命理的學理中，命盤上每一個宮位、星曜、星主、宮主都是十分重要的。

其中，身宮、命主和身主，代表人的元神、精神，是人靈魂方面的內涵。

一般我們算命，多半算太陽宮位，是最起碼的算命方式。像身宮是太陰所管轄的宮位，我們要看人的內在靈魂，想看此人的前世今生，就不能忽略這些代表人內在靈魂的『身宮、命主、身主』了！

星曜特質系列書包括：『殺、破、狼』上下冊、『羊陀火鈴』、『十干化忌』、『權、祿、科』、『天空、地劫』、『昌曲左右』、『紫、廉、武』、『府相同梁』上下冊、『日月機巨』、『身宮、命主、身主』。此套書是法雲居士對學習紫微斗數者常忽略或弄不清星曜特質，常對自己的命格有過高的期望或過於看輕的解釋，這兩種現象都是不好的算命方式。因此以這套書來提供大家參考與印證。

對你有影響的

府相同梁

上、下冊

法雲居士⊙著

對你有影響的『府相同梁』這本書分上、下兩冊，上冊主要以天府、天相兩顆為主題。下冊則以天同、天梁這兩顆星為主題。

『天府、天相、天同、天梁』這四顆星，表面看起來性質很接近，其實內在含意各自大不相同。這四顆星在人類的命運中也各自擔負起不同的角色和任務。因此『府相同梁』在命理中不但是命格的名稱，同時也是每個人之福、祿、壽、喜、財、官、印等等之福氣的總和。您若想知道自己一生真正的福祿有多少？真正能享受的財祿、事業有多高，此書將提供您最好的答案！

桃花轉運術

法雲居士⊙著

桃花運是人際關係中的潤滑劑，在每個人身上多少都帶有一點。這是『正常的人緣桃花』。

但是，桃花運分為『吉善桃花』、『愛情色慾桃花』、『淫惡桃花』。亦有『桃花劫』、『桃花煞』、『桃花耗』等等。桃花劫煞會剋害人的性命，或妨礙人的前途、事業。因此，那些是好桃花、那些是壞桃花，要怎麼看？怎麼預防？或如何利用桃花運來轉運、增強自己的成功運、事業運、婚姻運？

法雲老師利用多年的紫微命理經驗來告訴你『桃花轉運術』的方法，讓你一讀就通，轉運成功。

如何用偏財運來理財致富

法雲居士⊙著

偏財運會創造人生的奇蹟，
偏財運也會為人生帶來財富，
但『暴起暴落』始終是人生中的夢魘。
如何讓暴發的財富永遠留在你的身邊，
如何用一次接一次的偏財運增高
你的人生格局？

這本『如何用偏財運來理財致富』
就明確的提供了：

發財的方法和用偏財運來理財致富
的訣竅，讓你永不後悔，
痛快的過你的人生！

如何推算大運流年、流月

上、下冊

法雲居士⊙著

全世界的人在年暮歲末的時候，都有一個願望。都希望有一個水晶球，好看到未來一年中跟自己有關的運氣。是好運？還是壞運？

這本『如何推算大運、流年、流月』下冊書中，法雲居士利用紫微科學命理教您自己來推算大運、流年、流月，並且將精準度推向流時、流分，讓您把握每一個時間點的小細節，來掌握成功的命運。

古時候的人把每一個時辰分為上四刻與下四刻，現今科學進步，時間更形精密，法雲居士教您用新的科學命理方法，把握每一分每一秒。在每一個時間關鍵點上，您都會看到您自己的運氣在展現成功脈動的生命。

法雲居士利用紫微科學命理教你自己學會推算大運、流年、流月，並且包括流日、流時等每一個時間點的細節，讓你擁有自己的水晶球，來洞悉、觀看自己的未來。從精準的預測，繼而掌握每一個時間關鍵點。

金星出版
命理生活新智慧・叢書
VENUS PUBLISHING CO.

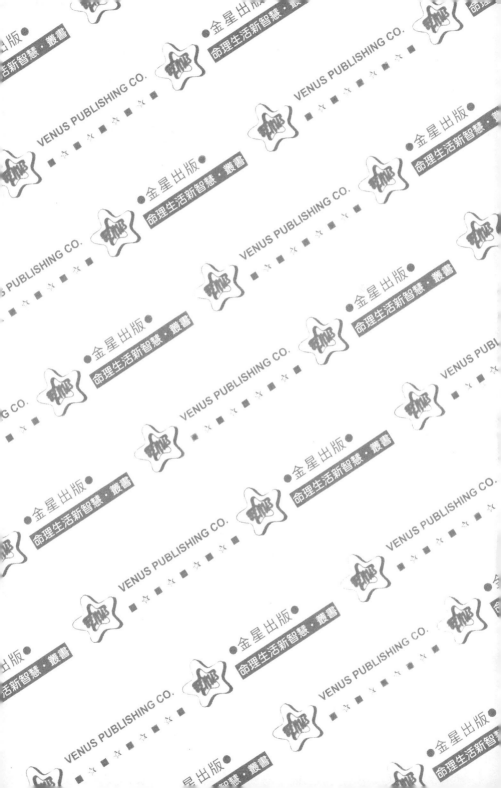

金星出版
命理生活新智慧・叢書
VENUS PUBLISHING CO.

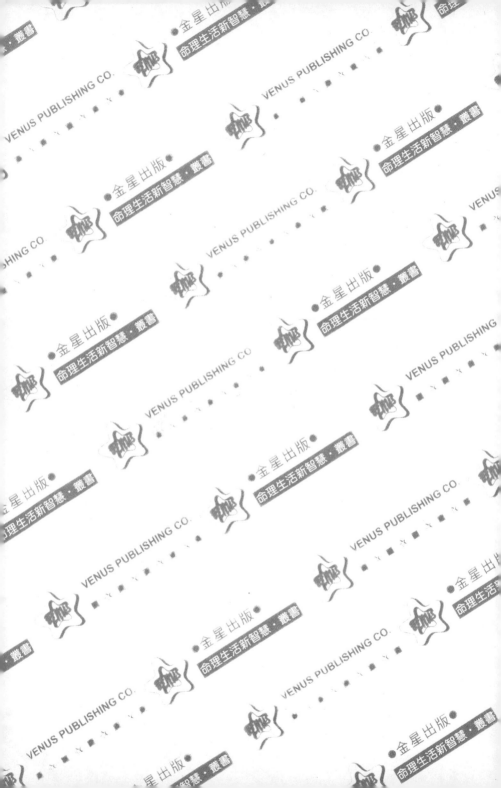